如何与难以相处的人打交道

里克·布林克曼博士 里克·基施纳博士◎著
楚立峰◎译

山西出版传媒集团
山西人民出版社

图书在版编目（CIP）数据

如何与难以相处的人打交道/（美）布林克曼，（美）基施纳著；楚立峰译．—太原：山西人民出版社，2012.6
ISBN 978-7-203-07712-1

Ⅰ.①如… Ⅱ.①布… ②基… ③楚… Ⅲ.①人际关系学-通俗读物
Ⅳ.①C912.1-49
中国版本图书馆CIP数据核字（2012）第116846号

著作权合同登记号 图字：04-2011-044号

Dr. Rick Kirschner and Dr. Rick Brinkman
Dealing with People You Can't Stand: How to Bring Out the Best in People at Their Worst
ISBN: 978-0071785723
Copyright © 2012 by McGraw-Hill

All Rights reserved. No part of this publication may be reproduced or transmitted in any form or by any means, electronic or mechanical, including without limitation photocopying, recording, taping, or any database, information or retrieval system, without the prior written permission of the publisher.

This authorized Chinese translation edition is jointly published by McGraw-Hill Education (Asia) and Shanxi People's Publishing House & Beijing Wenyuan Culture Development Co., Ltd. This edition is authorized for sale in the People's Republic of China only, excluding Hong Kong, Macao SAR and Taiwan.

Copyright © 2013 by The McGraw-Hill Education (Singapore) PTE.LTD and Shanxi People's Publishing House & Beijing Wenyuan Culture Development Co., Ltd.

版权所有。未经出版人事先书面许可，对本出版物的任何部分不得以任何方式或途径复制或传播，包括但不限于复印、录制、录音，或通过任何数据库、信息或可检索的系统。
本授权中文简体字翻译版由麦格劳-希尔（亚洲）教育出版公司和山西人民出版社合作出版，此版本经授权仅限在中华人民共和国境内（不包括香港特别行政区、澳门特别行政区和台湾）销售。
版权©2013由麦格劳-希尔（亚洲）教育出版公司与山西人民出版社所有。
本书封面贴有 McGraw-Hill Education 公司防伪标签，无标签者不得销售。

如何与难以相处的人打交道

著　　者：（美）里克·布林克曼博士　里克·基施纳博士
译　　者：楚立峰
责任编辑：李建业
装帧设计：兆天书装

出 版 者：山西出版传媒集团·山西人民出版社
地　　址：太原市建设南路21号
邮　　编：030012
发行营销：0351-4922220　4955996　4956039
0351-4922127（传真）　4956038（邮购）
E-mail：sxskcb@163.com　发行部
sxskcb@126.com　总编室
网　　址：www.sxskcb.com

经 销 者：山西出版传媒集团·山西人民出版社
承 印 者：三河市航远印刷有限公司

开　　本：710mm×1000mm　1/16
印　　张：15.75
版　　次：2013年10月第1版
印　　次：2013年10月第1次印刷
书　　号：ISBN 978-7-203-07712-1
定　　价：29.00元

如有印装质量问题请与本社联系调换

致谢

我们要感谢下列人员对本项目的帮助和支持：我们的妻子林迪娅·K.（Lindea K.）和莉萨·B.（Lisa B.），以及我们的女儿阿登·K.（Aden K.）和卡尔·B.（Carle B.），她们给予了鼓励、灵感、直觉和建议；我们的父母洛伊丝（Lois）和阿兰·K.（Alan K.），以及西蒙娜（Simone）和费力克斯·B.（Felix B.），他们给我们作出了榜样，给予了我们无条件的支持和信任；没人愿意陪我们熬夜工作，夜深人静之时只有那些猫与我们相伴；医学博士罗伯特·道顿（Dr. Robert Doughton，M.D.）为我们指明了道路；吉米（Jimmy）和杰夫（Jeff）给予了我们畅所欲言和发表看法的机会；弗雷德·H.（Fred H.）和阿兰·S.（Alan S.）给予了我们指导和忠告；还有很多人通过言传和/或身教，加深了我们对人类问题和问题人类的了解和认识：莱斯利·卡梅伦·班德勒（Leslie Cameron Bandler）、戴维·戈登（David Gordon）、约翰·格林德（John Grinder）、医学博士米尔顿·埃里克森（Milton Erickson M.D.）、罗伯特·迪尔茨（Robert Dilts）、弗吉尼亚·萨季尔（Virginia Satir）、小肯·凯斯（Ken Keyes，Jr.）、罗伯特·博尔顿博士（Robert Bolton，Ph.D.）、莱尼·卡茨（Lenny Katz）、马克斯（Max）和摩西·戈德曼（Moshe Goldman）、菲德尔·拉米雷斯（Fidel Ramirez）、华雷斯·夏皮罗（Juarez Shapiro）、罗伯特·M.布拉姆松博士（Bobert M. Bramson，Ph.D.）伯特·米勒（Burt Miller）、罗兰（Roland）和西奥多·克洛弗（Theodore Clover）；有些姓名我忘了提及，在此一并表示感谢；许许多多的人来参加我们的讨论会，观看我们的录像带节目，和我们分享他们的经历；最后还要感谢教育我们勇往直前的库力索法公司（K&S）。

引言

1994年，这本书第一版出版，在全球持续热卖，销量达到了数十万册。第一版面世之后，世界发生了改变。经济实现了真正的全球化，新技术改变了我们做生意的方式，也改变了我们和世界各地人民交流的方式。生活更加繁忙，我们更加疲惫不堪。基于在讨论会上收集到的反馈信息，我们认为应当推出升级版本，为整个新一代读者提供帮助。

让你难以忍受的人：他们难以相处，你想让他们做的，他们不做；你不想让做的，他们偏做——你不知道拿他们怎么办。好啦，你不用再做他们的牺牲品。你改变不了难相处的人，但你可以想方设法与他们交流，促使他们改变自我。当人们举止怪异时，知道如何与其联系沟通，这就是问题的所在。

本书将助你鉴定和收集有效交流的元素。在这个意义上，与刺头交流就像是打电话。如果你想拨通电话，就要按照正确的顺序拨打所有的数字。漏掉一个数，电话就无法接通。忘记拨区号，你的电话就打错地方了。然而，记住号码，正确拨打，找到让你无法忍受的人，彻底改变你们的交往模式，这一切都是可能的。

不幸的是，总有些难相处的人，无论你做什么，他们都拒绝接听你的电话，不置一词。在这些罕见情况下，你可以换种思路，把对付让你难以忍受的人看成是到交流馆（communication gym）一游。难相处的人会帮助你训练交流能力，开发交流技巧。反过来，这可能正是你所需要的实力，能在将来的某个时间和地点，让你维护更加宝贵的关系。

我们要请你注意五个关键方面，以解决你的人类问题：

1.首先，难相处的人形形色色，我们要检查他们背后的推动力量。当一个人开始吼叫的时候，另一个人避而远之，一言不发，还有一个人开始狙击。这些有趣的差别表明不同的行为意图受到了挫败。你一旦理解了这些差别，就不那么会把难相处的行为与某个人画上等号了。

2.其次，我们要检查基本的交流技巧，它们可以化冲突为合作，化情感为理性，化隐性议程（hidden agenda）为真诚的对话。好消息是，你已经利用了这些基本的技巧与人们和睦相处。坏消息是，在对付问题人类时，未能运用这些技巧，带来了大麻烦。我们要明确交流过程，这样，你就可以在必要的时候开始利用这些技巧，应对处于低谷中的人。

3.然后，让你难以忍受的人有十大难相处的行为举止，我们会关注特定的战略，用以应对这些行为举止。你将学会确切的应对措施，让人们停止诉苦、攻击、发脾气和食言。

4.我们越来越多地用电话和电子邮件来界定与别人的关系。我们会帮助你充分利用这些工具，避免冲突，发展合作。

5.本书行将结束之际，我们要处理的问题是：如果你难以忍受自己，怎么办？在此之前，你可能已经在针对问题人类的一些描述中发现了自己的影子。这一章会帮助你鉴定和改变自己难以相处的行为，因为你越容易相处，你需要对付的难相处的人就越少。

我们建议你通读第一章至第八章，然后直接阅读相应的一章，这一章会告诉你如何对付对你来说难相处的人。对付让你难以忍受的人，应该采取什么样的态度，就此，如果你还需要一点额外帮助的话，请阅读本书末尾的附录：如何改变你的态度。

在继续阅读之前，请允许我们介绍自己，并告诉你我们是如何点滴积累，写成本书的。

我们是里克和里克，最好的朋友、生意伙伴和自然疗法医生（Naturopathic physicians）（虽然一百年之前我们的职业就已经在美国出现，但直到现在你可能都没听说过*）。还在医学院读书的时候，我们就成为了朋友。后来，一个地区医院的医生成为了我们的导师，他既是一位内科医师，也是一位外科医师，从此，两个里克的友谊花开繁盛。在导师的指导和鼓励下，我们从态度的角度研究健康。我们希望确定精神健康和情感健康的原则，厘清利用这些原则的可行性方法，防止和治愈身体疾病。我们一再发现，如果人们澄清了他们的价值，更新了观念，学习了有效的交流和放松技巧，下定决心，为实现目标而去工作，那么，他们就会感觉较好。当他们的精神健康和情感健康改善时，许多特定的身体症状就会消失。因为内科医师这个单词的意思就是教师，我们开始通过讨论会和讲习班分享这些想法。

1982年，一个精神健康组织请我们做一个节目，内容是关于如何对付难相处的人。这标志着一个研究项目的正式开始，这个研究项目以本书而告终。在研究过程中，我们的行为模式也由此而改变。现在，我们把自己所有的工作都看成是对大众的一种继续教育。

20年来，我们一直在研究：人类的希望和恐惧，人类是如何营造和摧毁生活，人类如何交流，什么使人类难相处，怎样才能最恰如其分地对付低谷中人。我们写了这本书，向你传达我们的研究成果。我们在讨论会上和录像带里向一百万多人提出了这些想法，得到了热烈的回应。我们希望也相信本书的想法会持续提升你的生活质量。

里克·布林克曼博士和里克·基施纳博士

*按照传统的医学预科教育，在四年制医学院里，自然疗法博士(Naturopathic doctor)(N.D.)接受的是整体最初保健护理(primary care)内科医师训练。一个自然疗法博士和传统的博士(医学博士)(M.D.)一样学习科学、诊断技巧和临床技巧，但是自然疗法博士侧重于健康恢复和疾病预防，而不是通过药物治疗和手术切除来处理病症。学生需要学习四年的临床营养学(clinical nutrition)(而传统的博士只需要学习几周)，并接受咨询技巧训练，以便指导病人改变生活方式和进行自然治疗。自然治疗促进和利用内在的自愈能力治疗疾病。要了解更多知识，请访问美国自然疗法医生(American Association of Naturopathic Physicians)网站www.naturopathic.org。

目 录

第一部分 认识让你难以忍受的人

我们揭示了十大令人生厌的人物排行榜，为你提供了理解的透镜，向你展示良好的意图如何铺就通往地狱的道路。

第二部分　巧妙的交流让你渡过难关

你会明白：为什么团结起来我们就能屹立不倒，一旦分裂，我们就无法容忍对方？如何为了理解而倾听？如何达成深入的理解？如何为了被理解而诉说？如何得到你所规划与期待的？

第三部分 让低谷中人发挥出巅峰功效

你学习专门的技巧和战略去对付坦克、狙击手、万事通、三脚猫、手榴弹、老好人、和事佬、闷葫芦、悲观主义者、牢骚大王和难相处的自己。

第四部分　数字时代的交流

我们揭示了电话交流与电子邮件的限制和陷阱，向你展示如何采取一些预防措施把陷阱变成有利条件。

第一部分

认识让你难以忍受的人

我们揭示了十大令人生厌的人物排行榜，为你提供了理解的透镜，向你展示良好的意图如何铺就通往地狱的道路。

1

十大令人生厌的人物排行榜

在你全部的交流技巧中存在着不同程度的认知和无知，在人际交往中分别带来便利和阻碍。因此，别人都受不了的咄咄怪人，你交往起来可能一点问题都没有。爱发牢骚的人和消极的人，你可能对付起来比较困难。你可能会发现暴躁好斗的人最难对付。消极的人可能使你灰心丧气。或者你难以容忍夸夸其谈的牛皮大王。同样，你本人可能使几个人灰心丧气，因为每个人至少在某些时候都会成为难相处的人。

谁是难相处的人，谁不是难相处的人，你和其他人的看法可能不尽相同。然而，哪些是难相处的人，他们做的哪些事让别人难以接受，在文明社会还是能够达成一定共识的。我们确定了十种特定的行为模式，它们代表了明智的人与逆境的抗争和从逆境中的突围。在感觉到威胁或者挫败时，明智的人可以借鉴这些行为模式。这里是十个难相处的行为举止，代表了正常人处于低谷之中。

坦克

这是美丽的一天。天空晴朗清澈，吉姆（Jim）能听到窗外鸟儿的歌唱。他正在继续进行一个项目，办公室里一片忙碌，大家互相配合。

突然，传来了熟悉而又逃避不了的声音。

吉姆想到了坦克履带碾过门厅的嘎吱声。地好像真的开始颤抖了，吉姆几乎能听见远方雷达开机时的声脉冲。吉姆正听着，“坦克”乔·本特纳（Joe Bintner）转过来，出现在视野之中。乔·本特纳举起胳膊，就像炮塔上的大炮在寻找目标，他指向了吉姆。不知出于什么原因，吉姆能够感觉到瞄准镜上的十字线锁定了目标——他自己！绝望的吉姆在心里挥动着白旗，但坦克继续朝他驶来。一根手指朝吉姆的脸上指指点点，吉姆震惊地看着大炮一样的手指，本特纳开始对吉姆大肆挞伐，极尽讽刺挖苦之能事。

“你是个白痴、傻瓜，你根本不称职，完全就是人渣一堆！你肯定是基因有问题。这个活儿，你已经忙了两个星期，但你已经落后了三个星期。我不会再听你的任何借口。注意，因为你就得这么做……”

从眼角一瞥，吉姆可以看到办公室的其他人或是急急躲藏，或是呆若木鸡，都吓坏了。就像远方的惊雷一样，本特纳发出了命令。然后，这场不期而至的暴风骤雨戛然而止，雨过天晴。本特纳朝着新的方向前进。刻苦努力与良好意图都成为了一堆瓦砾，吉姆坐在了一堆废墟之中。

坦克富于对抗性，尖锐、愤怒，充分体现了一意孤行、暴躁好斗的行为特点。

狙击手

苏（Sue）从来没有如此用功地准备一个报告。这是个重要的日子，如果她能以精彩完美的报告展现行家里手的风范，就能得到提升的机会。她开始陈述了，所有的眼睛都在注视着她。她知道所有的数字都是确凿无疑的，她能感觉到胜利就在不远处招手。

后来，在她行将结束之际，出现了一阵骚动，就像树叶的沙沙声，她看到有人往房间的边上移了移。她听到了开火的声音：

“嘿，”一个急切的声音嘲弄道，“你的想法让我想起了看过的一本书的内容。我想是在第十一章。”

一开始只有一个残忍的笑声充斥着房间，但后来，更多人的加入了进来，令人心神不安的咯咯笑声此起彼伏。苏分心了，注意力被打破了，想要表达的看法也忘记了。“啊？”她尴尬地咕哝着，向四处张望，寻找是谁打断了自己的讲话。在那边，狙击手咧着嘴（Cheshire cat），笑容灿烂，正准备再开一枪。

“可能是第十三章？哈哈。别介意。请继续。我现在开始明白了，对这个主题，你真是知道得不多。”

狙击手擅长粗鲁的评论和辛辣的嘲讽，还会适时地把白眼一翻，让你显得愚昧呆傻。

手榴弹

今天是个好日子，可以结束工作。宜人的微风缓缓地飘过窗户，拉尔夫（Ralph）反复检查了面前的数字。此时，鲍勃（Bob）走进了房间，一脸严肃，紧握双拳。拉尔夫能够感觉到情况不妙，但又瞥了一眼紧闭嘴唇的鲍勃之后，拉尔夫埋头处理自己的事情。鲍勃穿过拉尔夫的办公桌，擦到了桌上一摞摇摇欲坠的文件。文件跌到了地上，就像许多秋天的落叶一样在微风中飘舞。拉尔夫本不打算说什么，但是一个细小的声音还是不由自主地脱口而出：“小心点儿，看着点儿路，鲍勃！”

鲍勃立刻转过身来，怒目圆睁，面部肌肉抽搐抖动，怒发冲冠，手臂抖动，声色俱厉地吼道：

“不管怎么说……你怎么不看看你那堆东西放哪儿了？我怎么……可能知道它在那儿？！我都不知道我来这儿干吗！没人关心我受的苦，遭的罪！现在的世界就这个——鬼样子！没人给……”

随着鲍勃音量的提高，微风也似乎变成了狂风。污言秽语和情感的弹片汇成了一阵风，想法的碎片在风中急促地飞舞。鲍勃的怒火似乎永不停息。但最终，经过一阵暴风骤雨之后，鲍勃的怒潮平息了。他停止了吼叫，环顾四周，发现大家都在盯着他，他一言不发，冲出门去，随手砰的一声关上了门。只有一张纸缓缓地落在了地上。

短暂的平静之后，手榴弹再次爆炸，没有目标地大叫大嚷，胡言乱语，发火的内容跟当前的环境风牛马不相及。

万事通

“喂，这里是XYZ公司技术支持。我的名字是弗兰克（Frank）。需要什么帮助吗？”弗兰克回答道。

客户开始抱怨。“我的名字是撒迪厄斯·戴维斯（Thadeus Davis），担任所在公司的管理信息系统（MIS）总监，跟几百个硬盘驱动器打过交道。”戴维斯继续描述问题所在，并作出结论：“显然你们的产品有问题。”

“喔，戴维斯先生，我对这个产品很熟悉。我认为你描述的不像是机械故障，而像是软件冲突。你能告诉我都安装了什么软件吗？”

“不是软件冲突。”

“先生，我正是要确定这个问题。你怎么知道不是软件冲突？”

“你没听我说吗？不是软件冲突。问题出在你们的产品里！”

弗兰克试着问另外一个问题。“有没有出现感觉钥匙（sense key）的情况？还记得上面怎么说的吗？”戴维斯想不起来了，不耐烦地重申是产品出了故障。弗兰克又一次尝试：“先生，你有没有把这个驱动器放在别的电脑上试试？”

戴维斯反驳道：“我知道不是电脑的问题，因为所有其他的驱动器都能放进这台电脑里。让我跟你的主管说话！”

毋庸置疑，万事通难以忍受别人的纠正和反驳。如果发生了什么问题，万事通还是会以斩钉截铁的口气说出谁是责任人——你！

三脚猫

德娜（Dena）没想到事情会这样发生。她最擅长投资委员会方面的知识和技能，把身心都投入到了研究之中。她真的相信自己最终将展示才华与能力。她忘了考虑利奥（Leo）插足其中的可能性。就像噩梦成真一样，是利奥在控制会议。他在对各种基金的业绩评头论足，纯属一派胡言。其他人好像没有意识到他的所作所为！靠着三寸不烂之舌，他完全收到了哗众取宠的效果。一旦利奥取得了发言权，就无法阻止他。

“利奥，”她请求道，“这些基金……喔，当你看了它们的成绩记录……”她挣扎着要发布信息，不知如何才能及时阻止利奥。

“你在这方面有什么问题，或者其他的任何问题，尽管问！”利奥滔滔不绝，一刻不停，然后又重新对着入迷的听众大放厥词。“我非常清楚我们需要什么。当然，对我来说，审时度势、正确投资就是小菜一碟！是的，毫不费力！事实上，我有几分乐在其中！你知道我有这个能力。另外，几年来，我一直在关注这些基金。伟大的成绩记录！相信我！”

伟大的成绩记录？从他的话里，德娜发现他显然对这些基金一无所知。而且，德娜显然也不知道如何阻止他。她环顾四周，无助地观望，人们一个接一个地被利奥的肯定和狂热所打动，改变了主意。德娜的心沉了下来。他们怎么知道他自己是在不知所云，信口胡诌?做研究的是德娜呀。

三脚猫不能在所有的时间愚弄所有的人，但他们能在足够长的时间里愚弄一部分人，还能在所有的时间里愚弄足够的人——只是因为他们能哗众取宠。

老好人

艾丽斯（Alice）大概是你能碰到的最好的人。非常好，不会说不。所以，她也就没说过不。她对任何人和任何事都说是，真诚地希望此举能让每个人都幸福。

“你能帮我个忙吗？”汤姆问。

“当然！”艾丽斯会说。

“把这个给我寄出去，好吗？”马克（Mark）要求道。

“没问题！”艾丽斯回答。

“能提醒我回这个电话吗？”埃伦（Ellen）恳求道。

“好的！”艾丽斯欢快地回答。

“走以前把这个处理完，好吗？”老板说。

“乐意效劳！”艾丽斯立刻回答。

但在大多数情况下，艾丽斯没有提醒埃伦，没有帮汤姆的忙，没有寄马克的包裹，也没有完成老板要求的工作。没有完成允诺的事情，她总能给出借口和解释，然而，让她吃惊的是，效果并不太好。

在承诺无法信守时，人们变得心烦意乱，心烦意乱的人会有抵触和对抗情绪。马克、汤姆、埃伦和老板都以自己的方式表达着这种情绪。他们评价了她的问题，提出了解决办法，艾丽斯总是满口答应，因为她想不惜一切代价避免对抗。外表看起来依然和气可爱，但她的内心在滋生着愤怒和敌意：“我本来就没想履行承诺，为这些讨厌的人做事！”

老好人想着取悦别人，避免对抗，没有进行彻底全面的考虑就仓促地说“是”。他们把时间用来应对最近的要求，忘记了先前的承诺，过多的承诺让他们无暇自顾。于是，他们变得愤世嫉俗。

和事佬

马瓦（Marv）发现自己面临着一个最后期限，需要苏的决策。苏也知道决策的时刻就要到了，但奇怪的是到处找不到苏的人影。花费了很长时间，找遍了每个大厅和楼梯井之后，他终于找到了她。“我没时间交谈，马瓦。很抱歉。”她试图赶紧离开，但马瓦急忙跟上，催促苏处理他的事情。

“那么，你决定我们派谁去参加夏威夷的会议了吗？”马瓦急切地问。

“喔，……我还在考虑。”苏犹豫不决地回答。

“还在考虑？！”马瓦不得不加快速度，苏正在迅速地逃跑。

“苏，会议还有三个星期就要开了。我六月前就让你选人。这是一年里的重头戏，我们总是派最好的销售代表去。”

“喔……我知道，但是……我想我会决定的……”

马瓦急促地呼吸，赶紧跟上。“你想？什么时候？”

苏停住了脚步。“我不知道。很快。”她心不在焉地看了一会儿地板，接着转过身，沿着他们来时的道路返回。马瓦站在那儿，看着她的背影，目瞪口呆，呼吸急促。无疑，在他看来，这个决定会拖黄了才罢休。

在决策的时刻，和事佬耽搁拖延，希望更好的选择能自己冒出来。可悲的是，大多数决定都微不足道，为时已晚，决定自行作出了决定。

闷葫芦

如果纳特（Nat）有什么话想对自己说，萨莉（Sally）从来不会知道。至少可以这么说，他坐着目不转睛、凝神注视的能力让人心神不宁。他们结婚的时间越长，他的话就越少。这些天，萨莉觉得好像都是自己在说话。当然还有更麻烦的问题。纳特至少不横行霸道，也从不说别人的坏话。但还是那个问题，他几乎不说话。可能一点八卦能让他开了尊口。萨莉觉得应该试一试。“那么，嗯，纳特，你觉得总裁的工作怎么样？”纳特好像没听见她说话。他只是耸耸肩，接着又埋头读报。萨莉又试了一下。“纳特？那么，嗯，你喜欢他吗？”

他的眼睛难以察觉地向上翻了翻与她的目光接触。看着他的眼睛就像是看着一个空荡荡的房间，好像家里没有人。“我……不……知道。”他只说了这几个字。然后，他又以那种难以形容的方式垂下了眼睛，继续读报。

既然已经开始了，萨莉就不会停下来。他们毕竟已经结婚17年了。

她觉得他们之间咫尺天涯，她有责任在两个人之间架起桥梁。所以，她又尝试了一下。“纳特，嗯，好像我们从不交谈。你再也没有说过你爱我。你还爱我吗？”

纳特又以同样的方式看着她，然后缓慢地扭转脑袋，直到面向窗户。他把报纸放下，只是说：“没事啊。17年前，我告诉你我爱你。如果有了变化，我会告诉你。”仅此而已。他拾起报纸，又开始了阅读，萨莉的希望落空了。

没有只言片语的回复，也没有言语之外的反馈，什么都没有。对于……闷葫芦，你还能期望什么?

悲观主义者

杰克（Jack）在讨论会上发言刚做了四分之三，后面就有个女士举起了手。“噢，女士？你在后面。有问题吗？”

她眯缝着眼凝视着他。“那行不通。”她最后说。

“你试过吗？”他问。不太确定他们在谈什么。

“如果行不通，操心费力地去做又有什么意义呢？”别管是什么，她好像是心知肚明。

“你怎么知道行不通？”他又一次试着问。

“显然。”

“对谁来说显然？”杰克问。绝望抓住了他，不撒手。

“每一个聪明人都能明白。”她说得坚决果断，不容置疑。

“好吧，我不明白！”杰克说。相信自己已经占据了上风。

“好了，你刚才说来着，你不明白？”她洋洋得意地回答。

比高速飞行的子弹更让人致命，力量比希望更强大，只需要只言片语就可以扼杀恢宏的构想。悲观主义者把自己伪装成举止温和的正常人，却在一刻不停地战斗，要使人心灰意冷，丧失希望，绝望无助。

牢骚大王

约安（Joann）正在重新凝神聚力，辛西娅（Cynthia）又发开了牢骚。这是约安第112次被辛西娅打断，而且现在还没到中午。更糟的是，辛西娅说话拖着长腔，就像链锯的嗡嗡声在回荡一样。“我告诉你了吧，我刚把新的木炭烤架拿回家，为了它，过去的一年半里一直在攒钱。烤架真重呀，我费了好大劲才从车里搬出来。我丈夫要帮我，但是他背上有伤病，我不认为让他动手是个好主意，所以，我不让他帮忙。但是，盒子太大，不好搬。这还不算完，箱子不趁手的话，非常难搬。但是，我试了试。最后，身上擦伤了几处之后，我拿出了一辆手推车……”

“辛西娅，”约安恳求道，“如果你没有其他办法把它从车里弄出来，你为什么不等等，先找个帮手，然后再从商店里取货？”

“但是，这件事，我不能让任何其他人帮我。无论如何，两个人都不会比一个人干得更好。我打开箱子的时候，一个U形钉划破了我的手指！如果有人帮我的话，他们就会划破自己的手指，会怪罪我。另外，我不知道削价会搞多久，我真的想要这么一个烤架。而且，如果我等下去的话，我丈夫会非常失望，因为他也想试用一下烤架——和我一样急不可待。不管怎么说，它没法正常工作，我不得不把它拿回去，这么沉，没法放回箱子里，我……”

辛西娅的声音有了更强的穿透力，钻进了约安的潜意识之中，约安心想：“她怎么了？她只会发牢骚！”

牢骚大王觉得自己孤立无援，被不公平的世界所淹没。他们的标准就是完美，没有人也没有什么东西能够达到这个标准。但是，见通病得慰藉，他们把自己的问题也带给你。提供解决办法使你成为乏味的伙伴，让牢骚大王更加烦恼，所以，他们更能发牢骚了。

这些难相处的人让大多数人受不了，但你还要与他们一起工作、谈话，还要想方设法对付他们。但是，如果懒惰让你非常不满，盛气凌人让你灰心丧气，人性让你失望，失败让你意兴阑珊，那么，不要绝望。相反，要记住，对付难相处的人，你总是可以有所选择的。实际上，你有四个选择。

1.你可以原地不动，什么都不做。这包括承受痛苦，以及向无能为力的人抱怨。什么都不做是危险的，因为，无法对付难相处的人而产生的挫败感，往往会随着时间的推移而强化和恶化。向无能为力的人抱怨会降低士气和生产力，延迟有效的行动。

2.你可以拂袖而去。有时，你最好的选择就是走开。并不是所有的情况都可以解决，有些就是不值得去解决。如果继续和不可理喻的人打交道毫无意义，拂袖而去就是明智的选择。如果形势正在恶化，如果你所说和所做的一切只是让事情更加不可收拾，你发现自己正在失去控制，那么，记住谨慎即大勇，走开吧。就像埃莉诺·罗斯福（Eleanor

Roosevelt）说的那样：“没有经过你的许可，你不是任何人的受害者。”然而，在你决定走开之前，你可以考虑一下另外的选择。

3.对于难相处的人，你可以改变态度。即使难相处的人继续作出难相处的举动，你也可以换种方式看他们，换种方式倾听他们，换种方式感觉他们。换种态度，你就可以解放自己，避免和问题人类针锋相对。如果你想找到毅力和灵活性来作出第四个选择，就必须改变态度。

4.你可以改变你的行为举止。对付难相处的人时，如果你改变方式，他们也就不得不学习新的方式来对付你。有些人肯定能让你发挥出巅峰功效，有些人则只能让你表现出低谷效应，你在应对别人的时候也有这种能力。对于大多数问题行为，都可以采取有效的、可以学习的战略。一旦你知道了需要做什么，以及如何做，你就将要驾驭不利局势，引导局势朝着有利的方向发展。

2

理解的透镜

这一章是关于理解的。这种理解会帮助你有效交流，防止未来的冲突，把当前的冲突消灭在萌芽之中。如果你把难相处的人的行为放在放大镜下，通过放大镜仔细观察难相处的行为举止，直到发现行为举止背后的动机，那么，这种理解就会产生。

你是不是曾经感到困惑：为什么有些人小心谨慎，有些人大大咧咧；有些人安静，有些人吵闹；有些人胆怯，有些人强势？你有没有注意到，一个人头一分钟还在威胁你，下一分钟就变得和颜悦色，甚至友好亲切？你有没有感到惊奇，一个人的行为举止变得有多快，就像小孩儿的脸一样说变就变？

当你把理解的透镜聚焦于人类的行为举止，首先就要观察自信的程度。要注意到从消极到积极之间存在广阔的领域，大多数人都在领域内找到了自己的舒适区（comfortzone）。然后观察极端情况。对特定情况的消极、或者不积极的反应可能是顺从、屈服，甚至是一溃千里。对局势的积极反应可以是大胆的决定、控制、好斗和攻击。

少　　自信　　多

消极 ←——————————→ 积极

每个人对不同的情况都会表现出不同程度的自信。在遇到挑战、困难和压力的时候，人们往往会移出舒适区，变得更加积极或者消极，不再采取正常的行为模式。在遇到挑战时，极其自信的人可能以高声说话和迅速行动来证明自己的存在，引起别人的注意。一个自信心不足的人可能对同一种活动愈加沉默寡言。判断一个人的自信程度可以根据外表（能量是外露还是内敛）、声音（从吼叫到咕哝到一言不发）和话语（从命令到笨拙的建议）。

当你通过理解的透镜观察，你还可以看到：在任何一个特定的情况下人们关注的焦点都有特点。比如，你忙碌的时候是否全神贯注，忘了身边还有其他人？当注意力几乎全部集中在手头的任务上时，我称其为任务焦点。有时候，周围人们的一举一动是否让你着迷，让你无从他顾？当注意力几乎全部集中在人际关系上时，我称其为人类焦点。

在这个范围内，视情况而定，行为举止可以迅速地从一个极端走向另一个极端，从友好和淳朴热情到开始认真对待手头的工作，或者反之亦然。在遇到挑战、困难和压力的时候，大多数人往往注意力更加集中，或者关注当前情况下的什么（也就是任务），或者关注当前情况下的谁（也就是人类），而不再采取正常的行为模式。要识别一个人关注的焦点，听好了。如果一个人是任务焦点型，他们选择的话语反应了他们的注意力所在。“你带来报告了吗？”“你做完家庭作业和家庭杂务了吗?”“你有这些数字吗？”“那个项目还有多久才能完成？”如果一个人是人类焦点型，他们选择的话语也能反应这一点。“嘿，周末过得怎么样？”“家里人都好吧？”“今天感觉怎么样？”“看见我做的了吗？”

现在，归纳总结一下。一个人可以积极地（比如好斗）、自信地（比如参与）或者消极地（比如屈服）关注人们。一个人可以积极地（比如大胆的决定）、自信地（比如参与）或者消极地（比如撤退）关注任务。你可以通过理解的透镜观察到这些行为特点，别人有这些特点，你也有。所有人都能作出各式各样的行为举止，也可以通过这个透镜观察到，有时生机勃勃，有时死气沉沉。然而，我们每个人都有一个正常的——或者最好的——行为区域，和一个夸张的——或者最差的——行为区域。

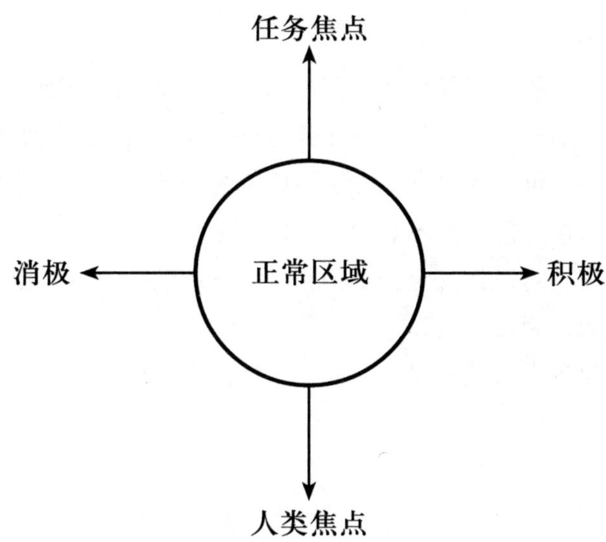

什么决定了焦点和自信?

每一个行为都有自己要达到的目的或者意图。人们行为举止的基础是意图。在特定的时刻，什么看起来最重要，人们就做什么。为了实现我们的目的，我们确定了四个基本意图，它们决定了在任何特定情况下人们的行为方式。显然，行为举止背后起推动作用的意图并不止这四个，但我们相信它们代表了基本的参照系，几乎所有的其他意图都可以纳入其中。作为理解和对付难相处的行为的组织框架，这四个意图是：

完成任务、认清任务、与人和睦相处、赢得人们的赞赏。

人们从各种服装款式（比如正装、办公服装、周末服装）中挑选衣服，也根据情况的不同选择不同的行为举止。你可能有一件最喜欢的衬衫、或者一条最喜欢的裤子，你可能也有自己更喜欢的行为方式。但是，你不是自始至终只有一种行为方式，当你的重头戏发生改变的时候，你的行为举止也会改变。确定你的这四个意图，确认你自己在不同情况下的行为举止与这些意图的联系，你就能发现其中的裨益。这样也就能更容易地观察和理解别人的意图。

完成任务

你有没有需要完成过什么任务？如果你需要完成任务，你就把焦点集中在了手头的任务上。就完成任务而言，任何对人的认识和了解都是无足轻重、可有可无的。当你确实需要完成任务时，你往往会加速，而不是减速；勇往直前，而不是深思熟虑；坚决果断，而不是临阵退缩。当急需完成任务时，你甚至会变得粗心大意，咄咄逼人，鲁莽行事，说话不经过大脑，脱口而出。

但是，仅仅完成任务是不够的。有时，避免出错更重要——确信每个细节都精确合适。

认清任务

你有没有为了避免犯错而竭尽所能，使出浑身解数?认清任务是另外一种影响行为举止的任务焦点型意图。当认清任务成为你的第一要务时，你可能会把速度放得足够慢，以便看清细节，因而变得更加全神贯注于手头的任务。如果需要痛下决心的话，你可能会审时度势，三思而后行。甚至仅仅出于对后果的某种疑问，你可能就会拒绝采取行动。

有时，这是个时间问题。当然，在这两种意图之间找到一个平衡点是一件重要的事情。我们称其为先认清再完成任务，因为如果不认清任务就去完成任务，那就不是真正的完成任务，不是吗？但是，任何数量的变数都能改变这一平衡。比如，如果给你两个星期的时间去完成一项任务，一开始你可能更倾向于认清任务，进展缓慢而小心。随着最后期限的临近——尤其是头一天晚上——平衡可能会戏剧性地转向完成任务！你可能突然想要牺牲细节，而在此之前，这是难以想象的。

与人和睦相处

行为举止背后的另一个意图是与人和睦相处。如果你想营造和发展关系，就要与人融洽地相处。如果你想与人们和睦相处，你就不要过于自信，要把他们的需要置于你自己的需要之上。如果和睦相处是你的第一要务，而且有人问你想去哪儿吃午饭，你可能会回答："你想去哪儿？"他们可能也想和睦相处，说："你想去哪儿都行，你饿吗？"你可能会回答："你饿吗？"在这种情况下，跟与另外一个人和睦相处的意图相比，个人的愿望已经不那么重要。

然而，有时人们更喜欢远离人群。

赢得人们的赞赏

第四个基本意图赢得人们的赞赏需要更强的自信和一个人类焦点，以便被看到、听到和认识到。希望为别人做贡献并因此得到别人的欣赏，这是最强大的已知推动力之一。研究表明，热爱工作的人、婚姻幸福并热爱丈夫或妻子的人，以自己的作为和角色而觉得受到了赞赏。当你和朋友去吃午饭时，如果获得赞赏是你的意图，你可能会说："我带你去一家很好的餐馆。你会喜欢它的。大伙总是感谢我，因为带他们去了这家餐馆。"

有时，你得到自己付出的东西

在这两种意图之间找到一个平衡点是一件重要的事情。我们相信赞赏别人能让你得到别人的赞赏。赞赏他人、与他人和睦相处，是相辅相成的两个方面。比如，如果你是办公室里的新雇员，起初你可能更倾向于和睦相处，努力做到体贴周到、关心他人、帮助他人。随着提升时刻的到来，平衡可能会戏剧性地转向赢得赞赏！如果你担心自己的努力会被忽视，你可能不会像以前那样在乎别人的感受。同样，在结婚之前的求婚阶段，人们往往会对彼此的需要和兴趣表现出异乎寻常的关心。几年后，就经常听到配偶要求满足自己的需要。

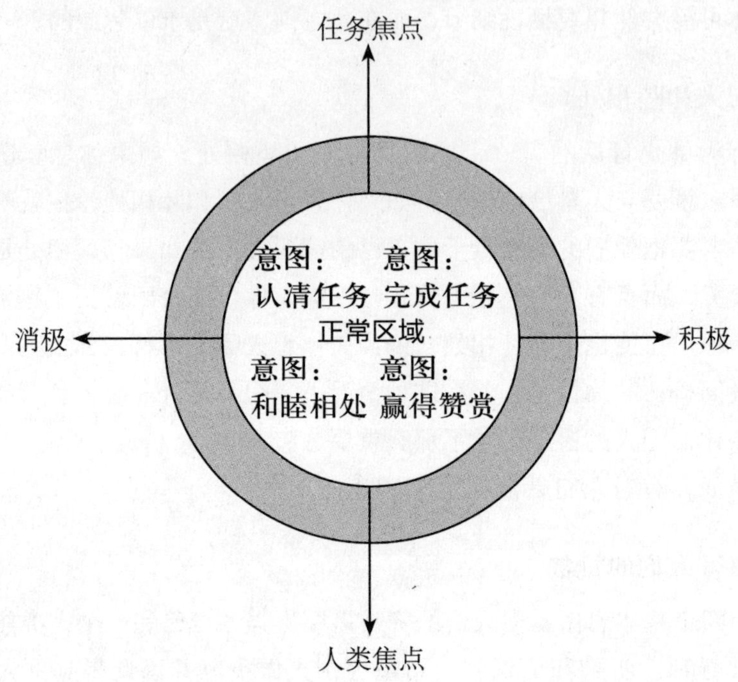

这是个平衡问题

所有的这些意图，完成任务、认清任务、和睦相处、赢得赞赏，都在我们的生活里占据着一段光阴和一席之地。保持它们的平衡能带来更少的压力和更多的成功。要完成任务，记得注意要先认清任务，然后再着手。如果你想先认清任务再完成任务，就要确保和每个人

和睦相处，避免纠纷。要靠团队努力获得成功，每一方都必须感觉得到了重视和赞赏。虽然这些意图的侧重点可能时时变化，上图暗色的圆环代表了这些意图的正常平衡，对我们所有人来说都是如此。

目的改变，行为举止也会改变

考虑一下下面的情况，看看行为举止是如何随着意图的改变而改变的。

工作过程中，杰克曾被委派做一个项目。他有三个星期的时间来完成这个项目，由于事关升迁与否，他确实想认清并完成这个项目。他需要从同事拉尔夫那里得到一些数字。拉尔夫把文件给他，说："底线大约是1050。"杰克说："大约是1050是什么意思？有什么特别的吗？"拉尔夫说："1050。"杰克说："确信吗？"拉尔夫回答："是的，挺有把握。"杰克给妻子打电话，说会晚回家。那一晚，他把自己锁在办公室里，仔仔细细、有条不紊地检查了拉尔夫的数字。你认为他在透镜里是个什么形象？

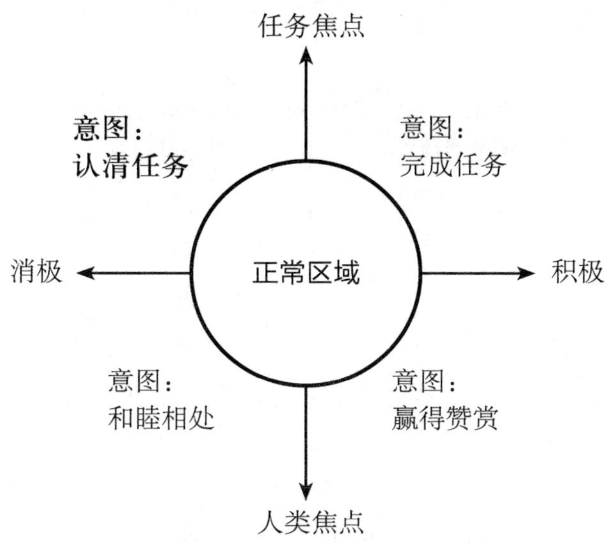

显然，他的侧重点是认清任务。他放慢速度，扎进任务之中，确保任务能够正确地完成。

到周末了，杰克却一直在家里的办公室工作。他七岁的女儿走进来说："爸爸，爸爸，看看我在自己房间里画的画。"杰克把工作推到一边，把下午的其余时间都用来和女儿玩耍。那天晚上，他的妻子说她找到一个人帮忙照看孩子，建议夫妻二人一起外出享用丰盛的大餐。当她问他想去哪儿时，他回答："你想去哪儿都行。"吃饭时，她问他明天是否有时间修理厨房里漏水的水龙头。杰克想到了自己的项目，知道自己确实没有时间，但还是说："行。没问题。"现在，他的项目进展得怎么样了？

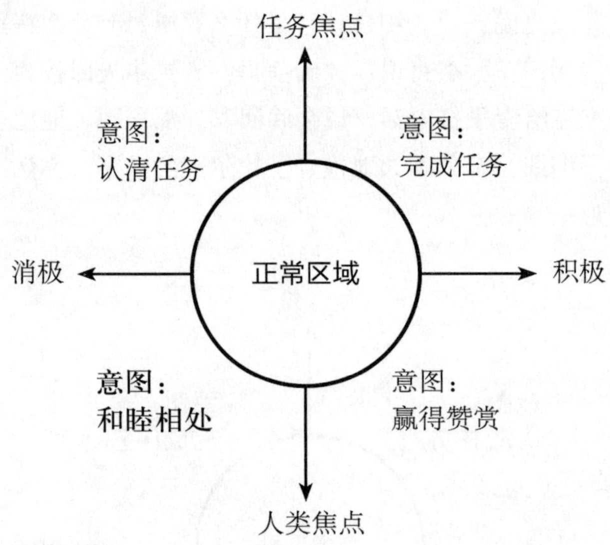

显然，和睦相处是杰克的意图。他把自己的需要放在一边来取悦他在乎的人。项目突然变得不那么重要，与家人的和睦相处才是最重要的。

第二天，杰克维修了管道，还一鼓作气维修了无法工作的燃气罩，更换了破损的纱窗。购物归来的妻子想向他展示购买的商品，但他坚持要妻子先欣赏他的杰作。现在，杰克的项目进展得怎么样了？

如果你说“赢得赞赏”，很好。注意：当他妻子回到家的时候，如果他正处于和睦相处模式，他可能会先看看妻子买了什么，以便取悦妻子。既然赢得赞赏是第一位的，他就迫不及待地向妻子展示自己的杰作。

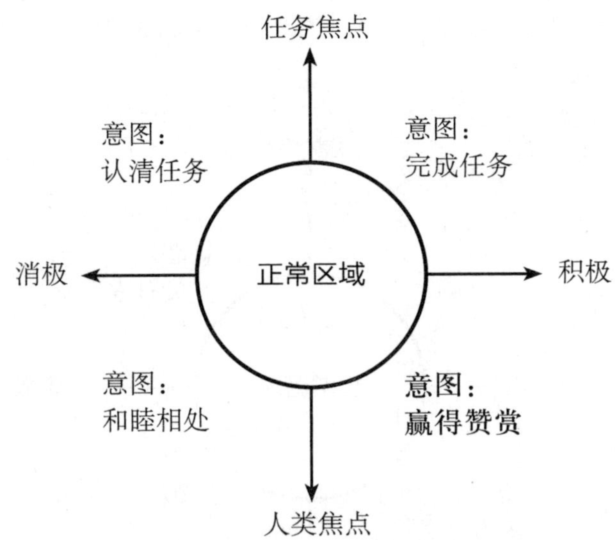

在那个周末，杰克没像自己希望的那样完成那么多工作。第二个星期，他被危机所吞没。突然之间，他的最后期限就要到了。他在家工作，小女儿走进来，问他能否坐在她的房间里陪她睡觉，保护她免遭怪物的侵害。他说：“你房间里没有怪物。现在，上床睡觉。”过了一会儿，他的妻子问他是否想和她喝杯茶。他头也不抬，只是直截了当地说：“不。”然后她问在即将到来的这个周末里他们会去干什么，并提供了一些选项。“看，我现在没时间讨论这个！”他不耐烦地说，“你选一个就行了。”又开始了工作。“该死！”他想，“有些数字我得猜猜了。”

现在，杰克的项目进展得怎么样了？

“完成任务”就是答案。在最后期限的压力下，杰克更加倾向于人物焦点型，不愿意把时间花在家庭上。他的交流更加直截了当，一语中的。现在，他愿意猜测一些数字。这在几个星期以前是难以想象的，当时，他有大把的时间去认清任务。

要注意在这些例子里，在特定的情况和时间下，根据主次的不同，杰克的行为举止发生了多么大的变化。这里的关键就是：基于任何时刻第一要务的不同，行为举止随着意图的改变而改变。我们都有能力根据所有的四个意图行事。为了与他人有效交往，你必须有所了解什么对他们来说最重要。

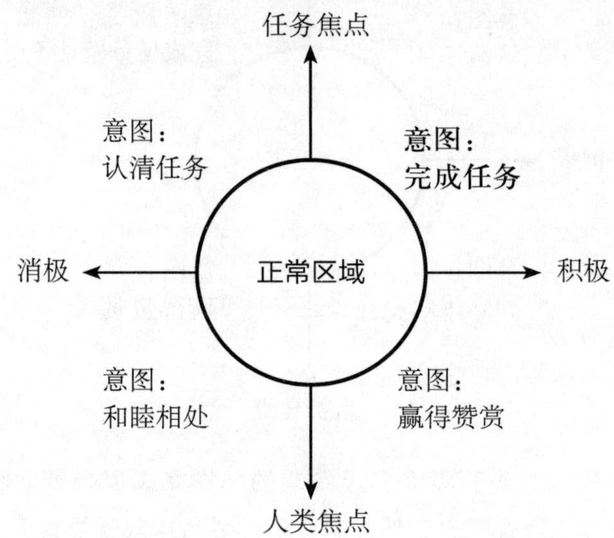

你能听到人们正从何方而来

那么，你怎样才能辨别他人的意图呢？一个快速指示器（rapid indicator）就是他们的交流方式。让我们去参加一个会议，四个有着不同首要意图的人都有话要说。你的任务是认真研究每个人的交流方式，确定其首要意图。

第一个人说："去做吧！议事日程里下一个项目是什么？"

这种简明扼要、切中肯綮的交流方式最有可能代表了哪种意图？如果你认为"完成任务"是这里的侧重点的话，你就可以看下一个例子了。当人们想完成任务时，他们的交流方式简明扼要、切中肯綮。

第二个与会的人说："啊，考虑到过去两年的数字，再考虑到通货膨胀、市场分裂、国外竞争，当然还要着眼于未来……我……啊……认为花费更多的时间详加探讨这个问题是有所裨益的，但是，如果现在就需要做决断的话，那么……去做吧。"

这种拐弯抹角、面面俱到的交流方式最有可能代表了哪种意图？如果你认为"认清任务"是答案的话，回答正确。注意这两个人都说"去做吧"。但是，如果没有细节的支撑，认清任务型人物绝对不会想到要这么说。

现在，与会的第三个人发言了："我觉得……如果你不同意，就告诉我，因为我确实尊重你的意见——实际上，跟你们所有人一起工作，让我学到了很多——但我只是认为……如果大家都同意的话，那么，或许我们真的该着手做了。大家是不是都想这么做？"

这种拐弯抹角、体贴周到的交流方式最有可能代表了哪种意图？如果你觉得这是"与人和睦相处"的例子，你就答对了。处于和睦相处模式的人会关心他人的意见和感受。

突然，与会的第四个人站了起来（虽然大家都在坐着）并大声宣告："我认为我们应该做，我来告诉你们为什么。我的爷爷过去常常告诉我：'孩子……如果打盹的话，你就失败了。'我从来不知道他是什么意思，但我从来就没有因此裹足不前。你知道，这让我想起了听过的一个笑话。你会喜欢的……"

当这个人还在喋喋不休的时候，我们想让你停下来想一想，这种精心策划、煞费苦心的交流方式最有可能代表了哪种意图？如果你认为是"赢得人们的赞赏"那么到目前为止，你干得不错，从一个人交流方式中辨认出了意图。处于赢得赞赏模式的人喜欢夸夸其谈，高谈阔论。

有着不同首要意图的人们会怎样让彼此疯狂，你能明白了吧？

现在，想想你生活中的问题人类。有些情况下，你觉得他们难以忍受，你还能回想起他们在当时的交流方式吗？你采用了怎样的交流方式呢？谁更直截了当、一语中的？谁更面面俱到？谁服从他人？谁更精心策划、煞费苦心？谁更关注任务，谁更关注人类？谁积极，谁消极？

观察问题人类的行为举止，倾听他们的交流方式，你就能辨认出首要意图。

共同的当务之急，没有问题

当人们有共同的当务之急时，误解和冲突都不太可能。比如：

你的一个项目伙伴想完成任务。你聚焦于任务，正在完成任务，你与他的交流简明扼要、切中肯綮。

你的一个同事想认清任务。你聚焦于任务，非常重视细节，你向他提交的报告翔实具体。

你认识的一个人想与你和睦相处。通过友好的闲聊和体贴周到的交流方式，你让她知道你关心她，喜欢她。

你认识的一个人想以自己的作为赢得赞赏。通过你的热情和感激的话语，你让她知道你认可她的贡献。

意图无法实现，怎么办？

如果一个人的意图无法实现会怎么样，让我们来看一下。如果人们想完成任务而且担心无法完成任务，那么，当他们努力接管并推进工作时，他们的行为举止自然会变得更加有控制力。如果人们想认清任务而且担心完成任务时出错，那么，他们的行为举止会变得更加追求完美，寻找每一个瑕疵和潜在的错误。如果人们想和睦相处而且担心受到冷落，那么，他们的行为举止会变得更加急于得到别人的赞同，牺牲个人的需求来取悦别人。如果人们想赢得赞赏而且担心得不到赞赏，那么，他们的行为举止会变得更加努力去赢得关注，强迫别人注意他们。这样就开始了。这四个变化只是让你难以忍受的人变形的开始。用我们的透镜可以发现，这些变化都存在于正常区域之外。

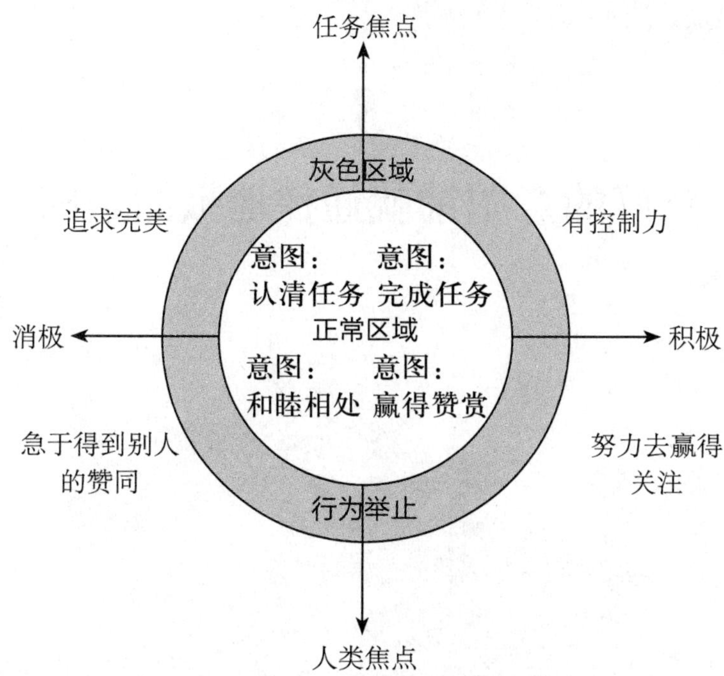

如果你注意到了行为举止的这些变化，你就应该立刻关注与此人的调和（第四章）。但是，如果他不愿意变通——好吧，你想不想看点真正可怕的东西？——他的行为举止继续恶化，问题人类给你带来了最毛骨悚然的噩梦。

3

良好的意图铺就通往地狱的道路

一旦一个人确定他们期盼的没有发生，而他们不期盼的却发生了，他或她的行为举止就变得更加极端，更加不能容忍别人。现在，我们可以观察一下受威胁或受挫的积极意图如何导致人们变得难以相处，作出让人难以忍受的行为举止。

遭受威胁的意图完成任务

完成任务这个意图一旦受挫，就会变得像一面扭曲的透镜，通过这面透镜看过去，别人好像是在浪费时间，心不在焉，或者就是花费了太多的时间。这个意图变得更加强烈，后续的行为举止也变得更加有控制力。三个最有控制力，最难以相处的行为举止是坦克、狙击手和万事通。

坦克

在一次任务里，坦克无法减速，把你差来遣去，或者直接从你身上轧过去，会毫无顾忌把你四分五裂，让你死无全尸。然而，具有讽刺意味的是……坦克并没有针对某个人。你只是碰巧挡住了路。为了控制进程并完成任务，坦克的行为举止既包括温和的固执己见，也有直接的侵犯挑衅。

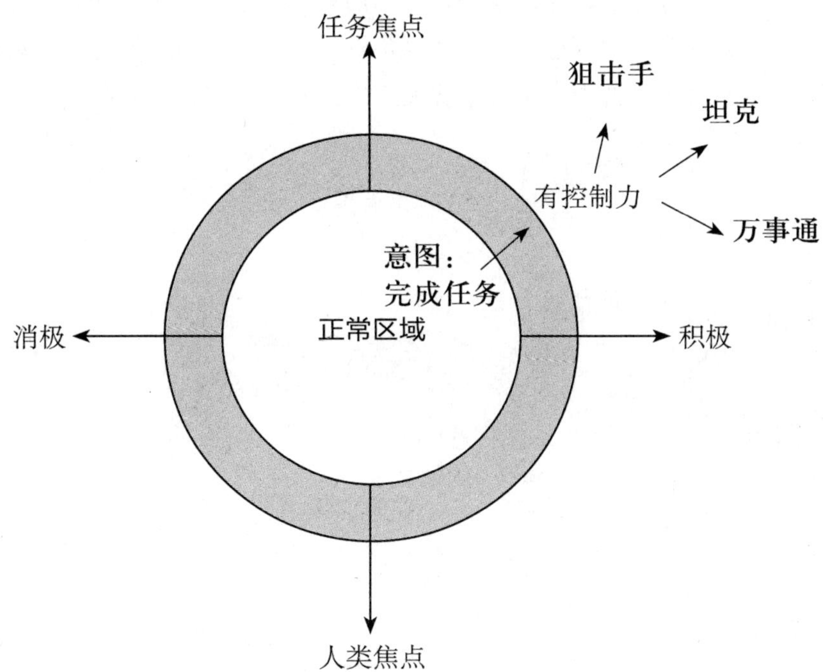

狙击手

狙击手是一位战略家，如果事情的解决不能让他或她满意，狙击手就会通过难堪和羞辱来控制你。大多数人害怕当众难堪，狙击手正是利用了这一点为自己谋利，在你最脆弱的时候绵里藏针，讽刺挖苦。

万事通

万事通用冗长专横的争论控制着谈话，控制着人和事，还会吹毛求疵，贬低其他观点，消除反对和抵抗。万事通实际上知识渊博、合格称职，所以，大多数人迅速被他们的战略所制服，最终放弃抵抗。

遭受威胁的意图认清任务

认清任务这个意图一旦受挫，就会变得像一面扭曲的透镜，通过这面透镜看过去，此人周边的一切事情好像是杂乱无章、马马虎虎。雪上加霜，人们好像在用非常模棱两可的话来称呼这些事情，比如“差不多”、“大约”、“可能”。当达到足够的强度时，这个行为举止就会变得越来越悲观和追求完美。牢骚大王、悲观主义者、闷葫芦都是这种行为的典型。

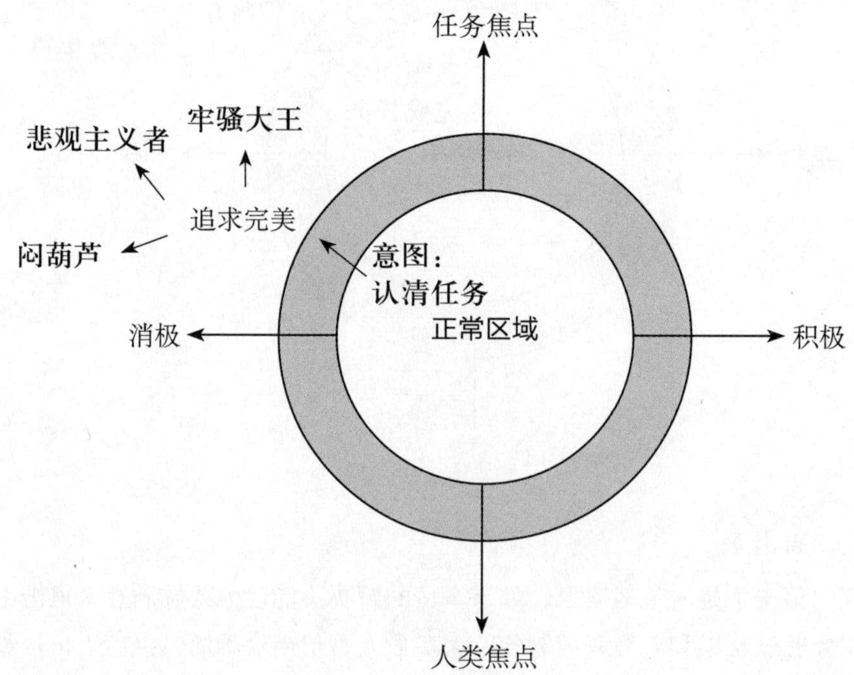

牢骚大王

我们的世界是不够完美的。牢骚大王相信他或她无力作出改变。稍不留神就可能出错，不确定因素太多，压力重重，让人不知所措，牢骚大王放弃了所有解决问题的想法。茫然不知所措的感觉却越来越强烈，他们把一切事情都一概而论，拼命寻找任何一点问题来证明自己这种不分青红皂白的行为。他们开始发牢骚：“唉，……没有什么是对的。什么事情都不对劲。”当然，这只能让其他每一个人疯狂，恶化的局势又引来更多的抱怨。

悲观主义者

跟牢骚大王不同，如果什么事情不对头，悲观主义者并不觉得茫然不知所措。悲观主义者只是变得绝望。这些人确信错的永远不会更正过来，也不在乎让别人知道他们的感想：“忘了它吧，我们已经试过了。当时行不通，现在也不会行得通。如果有人告诉你行得通，你也不要欺骗自己。放弃吧，别做无用功，失败了。”浓重的失败情绪感染了其他人，让大家也和悲观主义者一样陷入了绝望的无底洞。

闷葫芦

如果事情没有做到尽善尽美，有些人就彻底地灰心丧气，一溃千里。虽然没有认清任务，他们可能还是会最后发出一声呐喊：“好！按你的方法去做。要是不行，别来找我！”从此，他们就……什么都不做了。

遭受威胁的意图与人和睦相处

与人和睦相处这个意图一旦受挫，就会变得像一面扭曲的透镜。抱着和睦相处这个目的人并不能通过这面透镜确定别人对自己的看法，因而会因人而异作出反应、评论和面部表情。行为举止越来越倾向于获得赞同，避免反对。消极的闷葫芦、缺乏决断力的老好人以及和事佬，这三种着眼于寻求赞同的行为举止，是最难以相处的。

闷葫芦

胆怯、不适、多疑，没事先生唯一的优点就是不擅长嚼舌根。因为说不出什么好听的话，这种人也就不作声了。最糟糕的时候，他们几乎始终一言不发。在许多情况下，这是个完美的战略，可以避免冲突，避免伤害别人的感情，防止激怒任何人。这几乎是个完美的计划，当然也有美中不足之处。既然闷葫芦没法真诚地与别人交流，表达自己的想法，那么他或她也就不能真正地与人和睦相处。

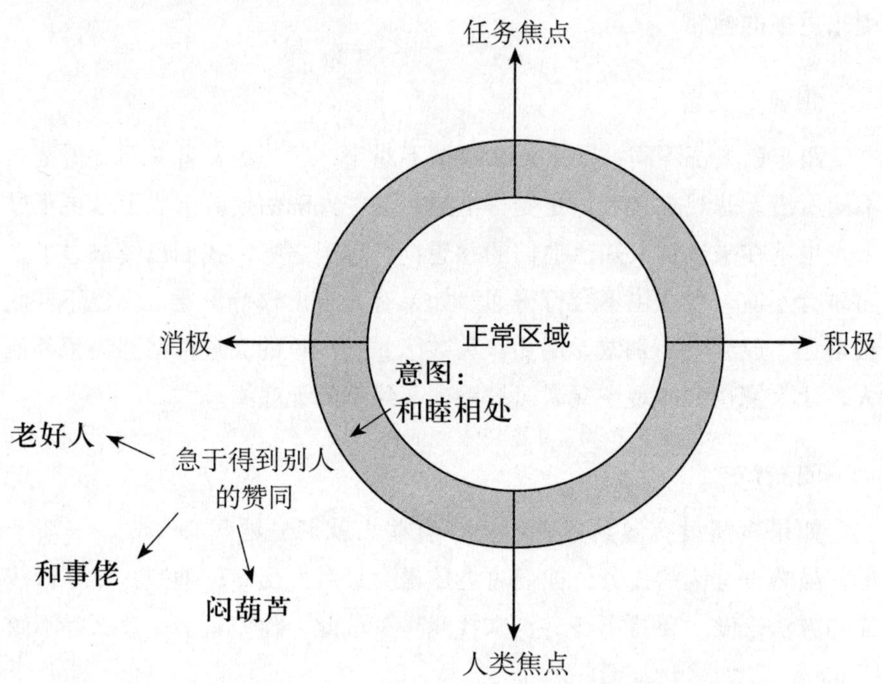

老好人

老好人寻求赞同，避免反对，努力去取悦其他每一个人。对每一个要求，老好人都回答是，并没有真正想想自己在承诺什么，没法履行承诺又会带来什么后果。“当然。”老好人说。对下一个要求说：“行。”对又一个要求说：“当然。”不久，老好人就作出了过多的承诺，又无法履行，以至于他或她想和睦相处的那些人都大发雷霆。在极少的情况下，承诺也能得到履行，老好人的生活不再属于自己，因为他作出的每个选择都是基于他人的需要和要求。这给老好人带来了深深的焦虑和大量的怨恨，甚至会导致下意识地蓄意破坏。

和事佬

和事佬避免作出决定，以此避免反对。毕竟，错误的选择可能让人心烦意乱，或者有的事情可能出错，又该归罪于谁呢？解决的办法就是推迟决定，闪烁其词，躲闪推诿，直到其他人作出了决定，或者决定自行作出了决定。和所有其他的难相处行为一样，这一行为本来是要解决问题，却导致问题延绵不绝，带来了许多失望和烦恼，和事佬因而无法与他人进行有意义的交流。

遭受威胁的意图赢得人们的赞赏

赢得人们的赞赏这个意图一旦受挫，就会变得像一面扭曲的透镜。抱着赢得赞赏这个目的人通过这面透镜观察他人的反应、评论和面部表情，考虑自己为什么没有得到积极的反馈，并有可能因人而异采取措施。赢得赞赏这个意图使赞赏性的回馈更少，行为举止的目的越来越趋向于吸引注意力。赢得赞赏的愿望落空会导致三个最难相处的行为举止，这些以吸引注意力为目的的行为举止是手榴弹、狙击手和三脚猫。

手榴弹行为

他们说他们没有得到任何赞赏，没有得到任何尊重。我们紧闭嘴巴，一言不发，嗤之以鼻，这时，注意防备手榴弹：成年人也会耍孩子脾气。“呔！这里没人在乎！现在的世界就这个鬼样子。咄！我不知道到底费那个劲干吗！我费了多大的劲，没人看在眼里！天！……”大叫大嚷，胡言乱语是难以忽视的。但是，既然这次绝望的行为已经引起了负面的关注和厌恶，手榴弹就很有可能再次爆发，所需要的只是一点火星。*

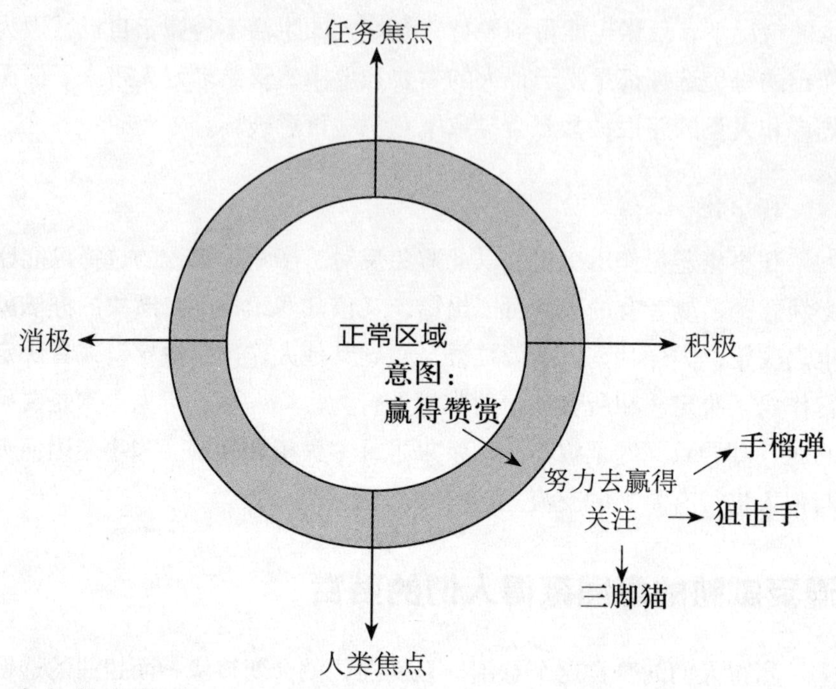

友好的狙击手

实际上，这个狙击手喜欢你，他们的狙击是吸引注意力的“有趣方式”。“我从没有忘记过一张脸……但是你的脸，我就记不住了。”许多人都有过插科打诨般的狙击。正常情况下，最好的防守是良好的进攻，因为狙击回去不是冒犯，而是表明了赞赏的态度。但是，受到狙击的人可能不会用这种方式表示赞赏，她可能表面上笑容满面，内心深处却在流血。

三脚猫行为

夸张、半真半假的话，胡言乱语、无用的建议，主动提出的观点，都是三脚猫的专长。富有性格魅力，满腔热情，这个竭尽所能吸引别人眼球的家伙能说服和误导所有天真的人们，让他们深陷泥淖。如果你和

---

*手榴弹跟早先描述的坦克是有区别的。坦克只朝着一个方向集中火力射击，手榴弹一旦爆炸，就无法控制，弹片朝着四面八方飞溅。坦克为目标选择合适的装药量，不伤及其他有用的人和办公设备。手榴弹东扯西扯些与当前环境没有关系，或者几乎没有关系的内容。坦克之所以攻击你，就是让你采取行动。手榴弹之所以爆炸就是要求大家的关注。

她争论，她提高音量，坚定立场，拒绝让步，直到你看起来和她希望的一样愚蠢。

总结

■ 当完成任务这一意图受挫时，行为举止就变得更有控制力，使人们变成坦克、狙击手和万事通。

■ 当认清任务这一意图受挫时，行为举止就变得更加追求完美，使人们变成牢骚大王、悲观主义者和闷葫芦。

■ 当和睦相处这一意图受挫时，行为举止就变得更加急于得到别人的赞同，使人们变成老好人、和事佬和闷葫芦。

■ 当赢得赞赏这一意图受挫时，行为举止就变得更加努力去赢得关注，使人们变成手榴弹、三脚猫和狙击手。

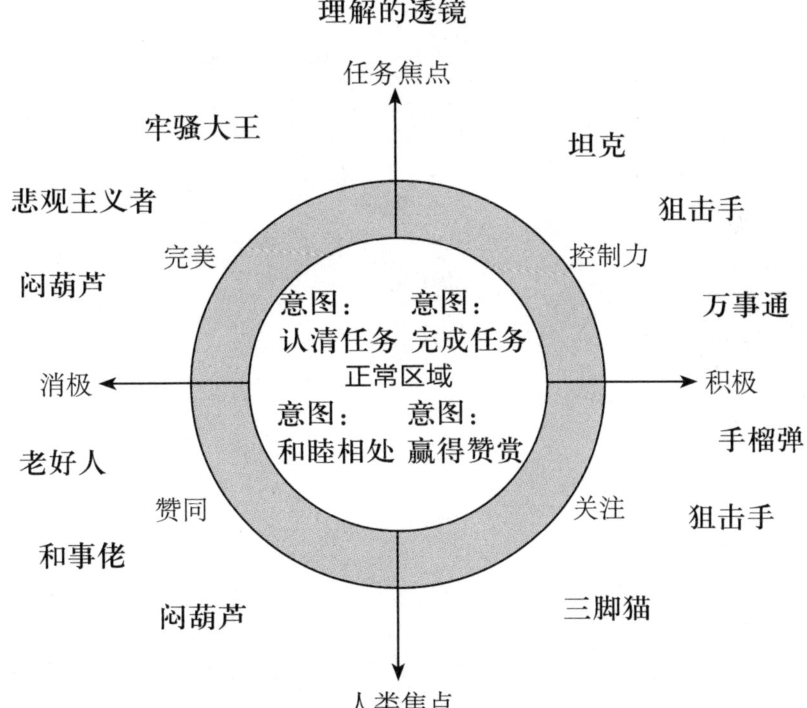

令人难以忍受的人有十个难相处的行为举止，读了这些描述之后，你可能已经注意到：当你的意图受挫时，你有时也会成为他们中的一员——这不奇怪，因为每个人在某些时候都会成为难相处的人。谁没有发过牢骚，谁没有抱怨过，谁没有绝望过，谁没有夸大其词过，谁没有隐瞒掩饰过自己的真情实感，谁没有拖延过决策，谁没有发过脾气，谁没有高声指责过，谁又没有过一溃千里的经历？在这方面，你和难相处的人的区别可能只是个度和频率的问题，或者只是个责任认定的问题。但是，这里的关键点是这些行为是可以观察到的，也是可以改变的。

人们的行为之所以让你难以忍受，是由他们对发生的事情和自认为重要的事情的理解所决定的。基于你对这些变数的认识，他们的行为与你的行为相互作用。有意无意之间，这就产生了一个结果。对付低谷中人到底为产生什么样的结果，在很大程度上还是取决于你自己。

第二部分
巧妙的交流让你渡过难关

你会明白：为什么团结起来我们就能屹立不倒，一旦分裂，我们就无法容忍对方？如何为了理解而倾听？如何达成深入的理解？如何为了被理解而诉说？如何得到你所规划与期待的？

4

从冲突到合作

一盎司预防措施等于一磅难相处的人

你已经和大多数人交流成功，只是和有些人处不来。在接下来的章节里，我们的目的是让你认识和了解交流技巧。在与你关心在乎的人建立信任关系时，你已经无意识地应用了这些技巧。一旦明白了这些技巧，你就可以开始有目的的使用它们对付问题人类，化冲突为合作。

两个基本技巧：调和与变向

为什么有些人好相处，而有些人难对付呢？为什么你可以和一个人和睦相处，却和另一个人冲突不和呢？这些问题的答案就是团结起来我们就能屹立不倒。一旦分裂，我们就无法容忍对方。在人际关系中，如果强调人与人之间的分歧，就会出现冲突。裂痕越大，你失败得就越快。

如果着重于你们之间的相似点，你就能更好地和人们相处。与朋友的冲突不同于与难相处的人的冲突，因为你们有着共同基础（common ground），冲突不会那么剧烈。在试着把互动转向新的结局之前，要发现共同基础，交流才能成功。显然，要成功地对付让你难以忍受的人，减少分歧至关重要。

调和与变向由此登场。调和可以是任何一种行为举止。通过调和，你可以减少你和他人的分歧，以便达成共识和共同基础。调和可以促进关系的融洽。变相可以是任何一种行为举止。通过变向，你可以利用融洽的关系改变互动的轨道。

调和是一项基本的交流技巧。如果人们有着共同的看法，关心彼此，或者想加深感情，那么，调和就会成为他们自动自然的行为。你可能会十分惊讶，因为调和已经在你生命中占据了重要位置。

比如，是不是有这样的情况：在和一个人谈话的时候，突然之间，你发现你们是老乡。此时此刻，分歧减少了，你们的距离拉近了。这就是调和的经历。

你是不是和朋友去过餐馆，看着菜单，问："想吃点什么？"你的问题可能和他想吃什么没太大关系，更大的作用是传递友谊的信号。如果在吃饭前，她点了饮料，你也亦步亦趋，这就是另一个调和的例子。

你的孩子从游乐场回来，泪眼汪汪，一个小膝盖受伤了，你怎么办？如果你爱心十足，你可能会抱起孩子，看着孩子的眼睛。或者你会弯下腰看着孩子。你甚至可能会把手放在自己的膝盖上，皱起面孔，用同样的口气说："疼吗？"这就是调和，向孩子表达你的关心。

有没有这样的情况：跟你交谈的人有着强烈的地方口音，你在说话时也不由自主地带上了点对方的口音。如果是这样的话，这就是你的天性使然，你想与你喜欢的人调和。

如果你曾经穿戴整齐去一个地方，却发现人们都穿着短裤和T恤，你就体会到了不调和的滋味。

你与人们调和的方式多种多样。你可以用面部表情、热情程度和肢体语言达到视觉上的调和。你也可以用音量和语速达到有声的调和。你也可以通过词汇达到理性上的调和。你和自己喜欢的人调和，和有着共同目标的人调和，这都是顺理成章的。你觉得有些人难以相处，和他们无法调和，这也是自然而然的。无法调和会带来严重的后果，因为无法调和你和他们的分歧，就会为冲突埋下伏笔。

关键点：没人会与任何可能反对自己的人合作。事实是，在人际关系上没有中间道路（middle ground）。有意无意之间，人们想知道“你是支持我，还是反对我”？你给人留下了或冷或热的印象，让人觉得与你有共同基础或者有天壤之别。信不信由你，你和难相处的人都有这个共同特点。

关键点：你是为了理解而倾听，还是为了被理解而诉说？调和总是先于变向。只有通过调和，与难相处的人建立起了一些融洽的关系，你才能改变互动的方向，转变轨道，朝着有利的方向发展。在接下来的战略里，你会发现专门的调和与变向技巧，可以用来和问题人类有效地交流。在阅读的时候，好好回忆一下你成功利用这些战略的例子，想想将来你怎么样再次使用这些战略。在这本书的后半部分，我们会利用这些技巧和战略，有效地应对十大难相处讨人厌的行为。

无声的调和：肢体语言和面部表情

一些人用手交谈，一些人只用嘴交谈。一些人几乎对所有人都笑脸相迎，一些人对所有人都冷脸相向，还有些人神秘莫测。有些人站着说话，有些人坐着说话。有些人低头垂肩，有些人站得笔直，有些人靠着家具。这些风格上的差异会导致曲解、错觉和误解。用手说话的人认为：只用嘴说话的人真是落后保守，不思进取。只用嘴说话的人认为：用手说话的人是得意忘形，无法无天。笑脸相迎的人认为冷脸相向的人面目可憎、乏味无趣。冷脸相向的人认为笑脸相迎的人装腔作势、滑稽可笑。

当人们和睦相处时，他们通过回应彼此的肢体语言、面部表情和热情程度，以达到自然的调和。如果你正在与一个双腿交叉坐着的朋友愉快地交谈，过一会儿，你也会以同样的方式交叉起双腿。如果她分开双腿，身体前倾，不久，你也会仿效她的做法。如果她在笑，你也会对她报以微笑。如果她在给你说她的烦心事儿，你也会表示你的忧虑。如果她用手交谈，你也亦步亦趋。还有类似的情况，如果她抓了抓头，你也觉得头上的相同部位发痒。实际上，如果你能看到你与别人友好交往的录像，你可以快进，那些画面就像是下意识和自动的西蒙说（Simon Says）游戏。

在现今的社会里，注意人们是怎样反映彼此的无声行为。看看你怎么样与别人调和，别人怎么样与你调和。从远处看两个人，观察他们怎样无声地调和。如果你看到一对夫妇在争论，注意观察他们的调和是多么少，分歧是多么大。

在大多数时间里，无声的调和会自动出现，通常并不为双方所察觉。调和与否能营造一种信任或者不信任的氛围，导致你和他人的合作与否。在尴尬的氛围里，要对付难相处的人，一个方法就是有意地与此人的肢体语言、面部表情和热情程度调和。调和传递一个信号："我支持你！我不是敌人！我对你说的和做的感兴趣！"

重要

没必要做这么多的调和，另一个人注意到这种情况，会觉得你在嘲笑他们。没必要彻头彻尾地反映另一个人的举止。如果你们和睦相处，你只是想顺其自然地模仿对方的行为。正常情况下，在反映姿势的变化之前，会有时间上的延迟。有时，无声的调和是相似的，而不是不同的。见过人把脚晃来晃去吗？你可能还没开始晃动你的脚。但在不自觉之间，已经在随着同样节奏晃动铅笔了。

有一件事情你绝不能模仿，那就是针对你的敌对姿态。如果有人对你晃动着拳头，吼道：“我觉得你是个傻瓜！”你不要也对着他晃动拳头，吼道：“好吧，你也是个傻瓜！”这不是调和。我们不建议以暴制暴。调和敌对行为的关键是坚决果断地轻描淡写过去。在关于坦克和手榴弹的章节，我们还会探讨这一点。

当我们研究十种难以相处的行为举止时，你会发现无声的调和起着多么大的作用。利用你的身体，你可以让老好人、和事佬以及闷葫芦对你产生好感，你也可以无声地告诉坦克你无需摆出一副咄咄逼人的面孔就可以保护自己。

有声的调和：音量和语速

在你与人们成功交流的任何情况下，你自然地与他们的音量和语速调和。如果他们大声说话，你也大声说话。如果他们说话较快，你也加快语速。说话快的人喜欢快刀斩乱麻的感觉，说话慢的人享受闲庭信步的悠闲。安静的人喜欢安静，说话声音大的人喜欢大嗓门。如果你无法和一个人音量和语速调和，最终，你就可能只是在自言自语，或者需要对付严重的误解。

我们受邀帮助两个雇员特里（Terry）和拉里（Larry），解决他们的工作场所问题。特里告诉我：他发现与拉里共事太让人沮丧了，如果问题继续下去的话，他宁愿找个新的工作场所。拉里告诉我们：如果特里走了，他也不会想念特里。我们观察到：当拉里向特里发火时，他交流的音量和语速都提高了。然而，我们也注意到：如果拉里急于让某件事情发生，或者谈论起完成某个项目，或者在处理问题时感觉到了某种程度上的紧急，那么，他往往会加快语速，提高音量。别管拉里为什么加快语速和提高音量，特里的做法都是退缩。他不明白拉里为什么要暴跳如雷地跟他说话。“我不要这种虐待。”他告诉我们。结果是，无论拉里想说什么，特里都不听，不是因为拉里的说话内容，而是因为拉里的说话方式。拉里发现这太让人泄气了，也就不可避免地脾气失控。然后，特里再退缩一步，用拉里的怒火证明拉里施虐。自始至终，他们都相距遥远，好像拉里不得不对特里怒吼，以便交换最基本的信息。

不幸的是，在工作场所，这种方式并不罕见。并不是没有任何共事兴趣和意愿。问题是没有足够的调和。我们向他们两个指出了这一点，帮助他们意识到彼此在交流上的差异，然后帮助他们探索在彼此互动时如何改变自己的行为。一旦拉里承认在说话时希望引起特里的注意，事情就好办了，他可以有意地放慢交流进度，加以调和，让特里听得进去。特里也同样急切地想要改善与拉里的交往，因为除了这个难相处的工作关系之外，他实际上还是乐意为这家公司工作的，并不愿意另找工作。所以，他开始努力注意拉里的说话内容。他以高语速或高音量为信号，来集中自己的注意力，意识到高语速和高音量并不是仅仅意味着愤怒，而是表明了拉里认为一个特定的重大项目急需处理。他们都尽了自己的努力来改善彼此的交往。从这里可以看出，是交流的过程，而不是交流的内容导致了难相处的局面。在其他情况下，也大致如此。

5
为了理解而倾听

人们希望向别人倾诉，并得到别人的理解

当人们有声地表达自己时，他们希望得到反馈，证明别人听到了他们的诉说，他们也希望能被理解。即使他们无法理解自己，他们也希望别人能倾听自己的谈话并理解自己。比如，焦虑不安的人在努力描述自己的感情和思想时就是这样。但是，如果两个或更多的人同时都想诉说，都想得到理解，而又没人愿意倾听和理解他人，那么，争论和退出几乎就不可避免。由于这个原因，技法娴熟的交流者在诉说和得到理解

之前，总是先去倾听和理解他人。

这里是坏消息：我们的战略就是要你去倾听，尽管你非常不情愿，也要暂时放弃自己的需要，不要去诉说，也不要奢望得到理解。现在，好消息是：你帮助你的问题人类完整地表达自己，他们投桃报李的可能性也就会加大，就能甚至愿意倾听你的诉说。实际上，毫无疑问，如果人们有了被人倾听和理解的经历，他们就会放弃自己在思想和感情上的成见。通往他们心灵的门打开了，他们也就更容易倾听到你的诉说。

理解出现在两个层面上：情感层面——人们觉得你理解他们的感受；还有理智层面——人们相信你理解他们的话语。当人们变得难以相处（即他们的积极意图受到威胁或者受挫）行之有效的处理方法就是倾听，去理解他们的感情和思想。为了理解他人的感情和情感，有一个简单而有效的战略：积极地（而不是消极地）去倾听。如果你养成习惯，用我们下文描述的方式去倾听，你就可以切实地防止一些人成为你的绊脚石，让你难以忍受。

第一步，调和。人们怎样才能知道你在倾听和理解？实质上，当他们正在诉说时，你的一言一行都反映了你是否在努力去倾听和理解。他们宣泄感情，发泄紧张情绪，发牢骚，抱怨，倾诉他们的问题，谈些不着边际或者莫名其妙的话，告诉你可能根本用不上的细枝末节信息。这时，你的任务是在视觉和听觉上证明他们说的对你有意义（即使是没有意义）！

不要摆出一副冥思苦想的面孔，不要插话，不要表示反对，不要让难相处的人分心，我们建议你帮助他们完整地表达自己。简而言之，你的方法就是点头同意，间或恰如其分地发出理解的声音，比如“嗯–啊”、“噢”和“姆”，然后复述他们说过的话，让他们知道你听到了他们说的内容。关于你的任何事情，从肢体语言到说话音量，都要表明你倾听了而且理解了。

在某个时候，你需要更加积极地参与其中。你肯定会知道何时去积极地参与，因为在那个时候，你的问题人类开始重复说过的话。这种情况的出现就是一个信号，此人需要你作出一些反馈。

第二步，回溯。有一种反馈的方式是回溯，或者重复对方说的原话。这传递了一个明显的信号：你在倾听，你觉得对方说的话重要。回溯不同于翻译或者改写。词汇是经历的符号，人们选择用来表达经历的词汇——符号对他们有着独特的意义。使用善意的说法，把他们的话换成你的话，比如“换句话说……”或者“那么，你真正想说的是……”可以延长与难相处的人交流的过程。他们听到这些不同的符号时，会认为你没有理解。

回溯并不是要求你变成一只鹦鹉，重复问题人类说过的任何只言片语。回溯的数量取决于你所处的环境。要对付攻势凌厉的坦克，就要尽可能少地回溯，因为坦克注意力集中，爆发地迅猛，不允许别人插嘴。在对付万事通时，要多做回溯，否则你还得再听一遍他们的演讲。老好人与和事佬缺乏决断力，对他们情感性的说法作出回溯就变得更加重要。久而久之，你会发现，自己在利用回溯这种技巧的某个版本，对付这十种让你难以忍受的人。

如果通过电话对付问题人类，回溯就尤为重要，因为他们获得的唯一一点信息，来自对你的声音和用词的推断。

第三步，澄清。听了他们说的话之后，要搜集信息，了解他们交流的意思。此时此刻，如果你表现得一头雾水也未尝不可。你确实会出于好奇而问一些问题。澄清型问题是开放的问题，不是咕哝一声就能回答的。这些问题以什么、谁、哪里、什么时候、怎么样开头。“你在说谁呢？你说的什么？哪里发生的？什么时候发生的？怎么样发生的？”搜集了这些信息之后，你可以开始探索他们为什么这样说，以及他们希望自己的行为达到什么标准。

至关重要的是，你需要发展能力，转化为信息搜集模式，而不是回应模式。当你对付难相处的人时，能提出合适的问题要远比给出所有的正确答案更重要。一个有用的原则是：“集体的智慧胜过个人智慧。”提问的人是个大赢家，因为他利用了集体的大智慧。

然而，如果要对付的是个焦虑不安的人，利用集体的大智慧就不再是一剂包治百病的妙药了。情感遮蔽了人们推理的能力，他们的大脑好像已经管不住嘴了。你能不能想起，有多少次，你焦虑不安，言不由衷？劝导感情用事的人几乎是不可能的，但是，你可以用表情和声音装作理解了对方，回溯听到的话，然后好奇地提出问题。

问澄清型问题的好处：

■ 你可以搜集到优质信息，提供的信息是无法和搜集到的优质信息相比拟的。问题让你们双方澄清细节，理解问题的详情，而不是作出模糊的归纳或者就此作出回应。

■ 在此过程中，你可以帮助对方变得更加理性。问合适的问题帮助焦虑不安的人填补了思维的空白，直到他们再次变得通情达理。

■ 你可以耐心地支持性地证明你关心他们说的内容。这样，问题人类就更有可能变得平静，愿意合作。

■ 问问题可以缓和局势，以便有足够的时间看清局势的发展方向。这样，你就能尽早采取校正行动，而不是行动迟缓。

■ 你可以让隐性议程浮出水面，揭穿谎言，而又不失委婉。看看电视上警察在审讯室的做法。

作为一个基本原则，多澄清可能总比少澄清好，即便你确信理解了所说的内容。问一个具体问题并不意味着你会自动得到一个具体答案。牢骚大王和悲观主义者喜欢泛泛而谈。

第四步，总结你听到的内容。为了确保你和你的问题人类都认为你确实理解了，向他或她总结一下你听到的话。“那么，如果我对你的理解是正确的，这个就是问题，这就是相关人物，这就是发生的时间、发生的地点，以及发生的方式？”当你这么做的时候，至少发生了两个事情：（1）如果你漏掉了什么，此人可以把细节补上。（2）你已经再次证明自己在认真努力去理解此人。这样，在贯彻路线和改变方向时，就更有可能争取此人的合作。

第五，确认。仔细倾听之后，你到了一个十分关键的时刻。不要妄加猜测，要确定难相处的人得到了满足，问题已经全部表达了出来。你要问：“你觉得我理解你了吗？还有其他任何不妥吗？”

把足够的而真诚的提问、倾听、关心和记忆融合在一起，理解就能实现，难相处的人也变得不那么难相处，更加愿意合作了。

小结

当你的问题人类正在说话，
你的目标：为了理解而倾听。
行动计划：

1. 视觉调和与听觉调和。
2. 回溯此人的一些话语。
3. 澄清意思、意图和标准。
4. 总结你听到的内容。
5. 确认，以保证你的理解正确无误。

6

达成深入的理解

到目前为止，我们讨论了倾听这一方法，它可以增进信任、合作与理解。然而，交流中最重要、最有用的方面有时是隐藏的，对听者如此，对说话者也是如此。当你认出了这些因素，你就会自动地调和并改变互动的方向。

认出积极的意图

我们把积极意图界定为某种特定的交流或者行为所要实现的好意。我们假定所有的行为举止都起源于积极意图，所有的行为举止也包括消极的行为举止。无法认出和欣赏积极的意图，会带来持久的负面影响。

弗兰克有一家体育用品商店。这是一个季节性行业，在刚过去的季节里，商店惨淡经营，根本就无利可图。现金流低迷，因而，商店里的许多灯烧坏了也没有更换。一个新雇员发现了这个问题，挺身而出，揽过了这个工作，订购灯泡，并全部加以更换。他还在仓库里准备了足够两年使用的新灯泡，这样商店就不会再度陷于黑暗之中了。

弗兰克勃然大怒，因为商店里有限的财政资源用在了灯泡上面。当着其他雇员的面，他狠狠地训斥了这个雇员。两年后，弗兰克觉得困惑，为什么这个雇员不积极主动，什么都要别人吩咐了才去做。

发生了什么事情，还不是明摆着吗？业主没有认可雇员的积极意图！

哪个积极的意图？可能这个乱七八糟的空间让他上心，他想：如果商店破败不堪，顾客也不会认可商品的质量。可能，他想得到大家的喜爱，努力想为自己的同事做点儿好事。还可能是，他想脱颖而出，崭露头角，引起大家的注意。这些原因都有可能。究竟什么原因促成了他积极主动的行动并不重要。重要的是，人们没有对积极意图作出认可导致了主观能动性的丧失。

如果弗兰克认出并认可雇员的积极意图，与雇员加以调和，他可能就会这样说：

“谢谢你积极主动地更换了这里的灯泡。你关心这里的环境，这让我欣慰。我相信你认为如果商店环境糟糕，顾客就会否认我们的体育用品。毫无疑问，你的同事喜欢让明亮一点的灯光照射在商品上。你一定不知道我们存在着严重的现金流问题。我们必须把多余的灯泡送回去。但是，谢谢你的积极主动。我当然希望你更加积极主动。从此，我会竭尽全力向周围的每一个人宣传。”

你认为这个雇员将来还会冒险发挥主观能动性吗？你打个赌。要让低谷中人发挥出巅峰功效，最好的办法就是对他们的嫌疑作出善意的解释。假定他们的问题行为之后是积极意图，然后采用相应的办法对付。

因为难相处的人可能没有意识到这一点，你应该问问自己：一个人的交流或行为后面可能有什么样的好意吗？然后再加以确认。如果你对积极意图没有把握，那就虚构一个吧。即使你积极调和的意图不是真的，你仍能得到良好的回应，并创造融洽的关系。

把调和战略应用于通过理解的透镜所观察到的四个意图：

■ 如果你认为你正在对付的人想要把完成任务作为第一要务，在交谈中你也确认了这一点，而且你的交流简明扼要、切中肯綮，不拖泥带水，那么，你就能增进合作，减少误会。

■ 如果你认为你正在对付的人想要把认清任务作为第一要务，在交谈中你也确认了这一点，而且你在交流中非常注重细节，那么，你就能增进合作，减少误会。

■ 如果你认为你正在对付的人想要把和睦相处作为第一要务，而且在互动中你通过友好的闲聊和体贴周到的交流方式表达了你的关心，那么，你就能增进合作，减少误会。

■ 如果你认为你正在对付的人想要把赢得赞赏作为第一要务，而且在互动中你通过非常赞赏的话语让他（或她）知道你认可他（或她）的贡献，那么，你就能增进合作，减少误会。

练习问问自己一个人的行动或者交流背后会有什么样的积极意图？这还意味着什么？此人的行为或交往想要实现什么样的好意？下次，你的配偶或者朋友说话咄咄逼人的时候，不要针锋相对，要去调和他们的意图，说："你关心我，我表示感激。我想消除我们之间的误会。"他们很有可能会立即停止攻击，平静下来，真正的交流接着就开始了。

认出极其宝贵的标准

标准可以过滤我们的观点，是我们衡量想法和经历的尺度，可以确定想法或者经历的好坏。标准可以确定一个事物应有的形态，让人们判定自己是"支持"还是"反对"一个想法，或者让人们搞清楚"为什么"有人认为一个观点值得坚持。在讨论不同的想法和观点时，标准变得更加重要。在讨论的时候，你只要确定了标准，就能产生更大的灵活性和更多的合作。

我们曾帮助一家公司开会决定讨论会的最佳地点。一个人建议定在公司的培训教室。另一个人反对这个建议，然后，就有其他人建议定在旅馆里。另有一帮人极力推荐海滨胜地。立场定下来了，界线画出来了，激烈的斗争开始了。

我们坦率地问第一个人："你为什么觉得培训教室最好？"他回答："因为我们一分钱都不用花。"按照他的标准，要举办一次成功的讨论会，金钱是第一要素。

然后，我们问下一个人他为什么更喜欢选择旅馆？我们得到的答案是："如果我们利用自己公司的设施举行讨论会，大家的职责会让大家分心，大家会跑来跑去，收发信息。以前这种情况就发生过，我见到了。我们需要一个中立的地方，让每一个人都能聚焦于要讨论的话题。"就举办一次成功的讨论会而言，这个人的极其宝贵的标准包括了聚焦能力。

然后，我们问："为什么要去海滨胜地？"得到了这样的回答："喔，如果大家都能远离尘嚣，到一个优美的地方去，我们就能放松下来，更好地团结在一起。"团结和配合是这个人的第一要素。

显然，这些人谈论的不只是讨论会。他们还谈到了金钱、聚焦、放松和配合。一旦这些标准显露了出来，下一步就是确定它们的主次顺序。每个人都赞成聚焦是首要的，而且钱足够去旅馆，但是负担不起去海滨胜地。这个群体开始了头脑风暴，思考怎样在预算之内让大家放松并团结起来。他们最后想到了一个办法，就是在讨论会的当晚组织一次聚会，让大家带着自己爱的人。确认了标准并确定了标准的主次顺序，这个群体得以满足了各方的需求，并组织一次晚会。

一旦你问了标准问题，而且你也能理智地确认这些标准是什么，那么就为他们总结一下。"那么，如果我能正确地理解你，这就是为什么这对你如此重要的原因……"你又一次需要证明你倾听、关心而且记住了，这些证据调和对方要求被理解的愿望。要确保难相处的人得到了满足，他或她的标准已经得到了充分地表达，你要问一下："你觉得我理解你了吗？没事了吧？"

每当讨论开始恶化成冲突，你要努力去查明人们为什么支持，为什么反对。然后，寻找一个想法或者解决问题的办法，把那些标准调和在一起。这是化冲突为合作的又一个办法。

小结

当讨论开始恶化为冲突，
你的目标：达成深入的理解。
行动计划：
1.认出积极的意图。
2.认出极其宝贵的标准。

7

为了被理解而诉说

到目前为止，我们已经讨论了调和与倾听，它们是增进信任、合作与理解的手段。然而，我们对人们说的话也能产生积极作用。信号、符号和暗示组成了我们交流的产物，为人际关系朝着更好的方向发展提供了广阔的机遇。下面的方法可以在这方面为你提供帮助。

监控你说话的腔调

作为人类的一员，你的腔调发送给人们或积极或消极的信息，表达了你对他们的看法。人们会把你说话的腔调跟他们自己联系起来，即使是跟他们毫无关系。你有没有在办公室过了非常糟糕的一天，然后接到了家里的电话；你有没有在家里过了非常糟糕的一天，然后接到了办公室的电话，即使你字斟句酌，但如果你的腔调匆忙，有防备，不友善，人们的想法跟你的意图还是会大相径庭的。

腔调和说话内容不相符会产生混合型信息，会给各种各样的人际关系带来大麻烦。当接到一个混合型信息时，人们会根据腔调作出回应，忽视说话的内容。具有讽刺意味的是，人们常常压制感情来避免冲突。他们说的话表达了对事物发展方向的希望，但是，他们的腔调泄露了他们的感情。接收者忽视说话内容，对腔调作出回应，然后，发出者觉得被误解了，冲突随之发生。如果你什么时候听到自己给别人发出混合型信息，注意了，要解释一下你的腔调的意义："如果我说话有点急迫，我表示歉意。我就这样"或者"我知道我话里带着怒气，那是因为这个问题对我太重要了"。

你承认了自己的腔调，并澄清了自己腔调表达的内涵，那么，你就减少了对方见怪的可能性。

陈述你的积极意图

如果把有效的交流比作正确拨打电话号码，那么"意图"就等同于区号。如果你想当然地以为有人理解了你的积极意图，或者你的意图是暗含的，并没有明确说出，那么误解就会发生。可能这就是"良好的意图铺就通往地狱的道路"这句话所要给予我们的警示。要防止这种误解，就要学着以你的积极意图开始交流。

蒂姆（Tim）和罗西（Rosie）会定期拜访一位婚姻和家庭顾问，希望给两人之间的关系带来更多幸福。在一次成功会面的末尾，罗西转向蒂姆说："亲爱的，我们去玫瑰园吧。"

但是，蒂姆好像一点都不感兴趣，说："不。"

罗西好像对他的答案非常失望。顾问问她为什么要把玫瑰园放在第一位。她说："喔，我们好像很久都没有像现在这样感觉亲密了。接孩子之前，我们还有一个小时的时间。我就是觉得两个人享受一点安静的时光是多么美好呀。”

突然之间，蒂姆变得兴高采烈，说：“好主意！但是我不想待在外面。太热了，虫子也太多了。我知道有家很棒的小餐馆刚开业，从这边顺路过去就到了！好不好？”

罗西说：“噢，蒂姆，好主意！”

注意：对罗西来说，去玫瑰园并不是真的那么重要，她真正在乎的是共度时光，共度时光才是她的真正意图。去玫瑰园只是实现共度时光这一意图的一种方式，而方式有许许多多。

如果你确实与众不同，你可能在与人们交谈的时候，不会说出你的意图。具有讽刺意味的是，陈述你的意图才是交流的重中之重。别忘了，这才是你努力去实现的目的。要在交流中把意图放在第一位，就要在说话之前问问自己：“我要说的话真实意图何在？我真正要去实现的结果是什么？”

假设你对你爱的人生气，并打算消除误会，让两个人的生活再次充满乐趣。如果你开始说你多么的焦虑不安，那么你就是在冒险，因为你爱的人可能觉得受到了攻击并相应地作出反应。一旦你对对方的反应作出反应，对话就会变成战争宣言。相反，你可以这样开始说话：“我关心你，因为你而焦虑不安，我不想再这样浪费时间了。我想消除误会，让我们享受在一起的时光。”现在，你爱的人知道你正从何方而来。在这种彼此包容的环境里，交流的可能性也更大。

有没有这样的情况，在交谈过程中，有人告诉你什么事情，你自己却感到惊讶：“他为什么告诉我这个？”在真正告知人们之前，告诉人们你为什么告诉他们某个事情。这是个简单的方法，可以把注意力引向你想要的方向。如果你陈述你的积极意图，给出充分的理由，让人们倾听你的讲话，你的交流就会更加清楚，冲突也会更少。

我们认识一个叫多丽丝（Doris）的行政助理。她的老板过分敏感，认为多丽丝没有充分利用时间。多丽丝做了一个时间表，以确定老板指出的问题是子虚乌有还是确有其事。多丽丝发现，每个星期她要花两个小时泡咖啡和送咖啡，花一个半小时开关洒水装置。同时，她的老板会因为她没有完成足够的办公室工作而大发雷霆，即使是他自己给多丽丝分派了其他工作。在第一次，多丽丝努力和他去交流这个问题，她说："先生，我想你应该看一下你是让我怎么利用时间的……你总是给我无关紧要的工作去做，让我没法完成自己的工作。"

老板回答："噢，是吗，真的吗？好吧，听着，好好听着，因为我只说一遍。如果你觉得在这儿干不下去了，可能你就该开始找更有意义的工作！现在，离开我的办公室，停止浪费时间，回到工作中去！"

多丽丝勇往直前，研究交流技巧，掌握了变向艺术，几个星期之后……

"打扰了，先生。我知道你忙着呢。我只占用你几分钟。"（调和：她承认他在忙这个事实，也承认了时间的重要性）

"我想成为你迄今为止最有成效的助理（现在，她开始陈述自己的意图——她说出制定时间表的意图）。要实现这个目标，我做了一个时间表，看看时间都花在了什么上面。我这儿的原因就是要给你看看这个时间表，这样，你就能帮我提高效率。"

他认为应当立刻看一下时间表。当他看到她的时间都用在了什么上面，他震惊了。他向她道歉。两个人一起制定了新型关系的细节，可以更好地发挥她的能力，把她从单调费时的活动中解放出来。

先说出你的意图，让人们知道你从何方而来，防止许多的误解。

当发言被打断时，要机智得体地打断对方发言

在谈到难相处的人时，你可能难以相信机智得体和打断两个词会出现在同一个句子里。这是因为大多数故意打断对方发言的行为都是粗鲁的挑衅，旨在压倒对方的声音。然而，有时也需要打断难相处的人。如果有人向你吼叫，或者控制着会议，不容置喙，或者反复抱怨，越来越消极，那么，打断对方发言可能就是一个文雅的解决办法。

机智得体地打断对方发言，没有怒气，不存在指责，也无所畏惧。

要把难相处的人的名字说上一遍，一遍，又一遍，用那种实事求是的态度，直到你引起这个人的注意！“约翰逊先生。约翰逊先生。打扰了，约翰逊先生。”如果你不知道这个人的名字，就利用其性别。“先生。先生。先生。请原谅，先生。嗯，先生？先生。”如果你试图打断一个暴躁好斗的人，他或她可能会企图通过提高音量来压倒你。在这种情况下，你无论如何都要挺住。对人物的名字和性别进行重复，可以产生难以抗拒的力量。坦克、万事通、手榴弹或者牢骚大王会因而分心，必须停下来弄清楚你到底想要什么！一旦你吸引了他的注意力，你就可以继续前进，陈述你的意图，澄清他说过的话，或者采用本章推荐的任何一个其他选择。

说出你的真相

如果你以一种赞扬而不是诋毁的方式说出你的真相，那么，无论一个人行为有多么令人难以忍受，你的诚实都是有效的。你得到一个人的信任越多，你被其倾听的机率也就越大。所以，在你试图与难相处的人做开诚布公的交谈之前，你可能会想花上几周，甚或几个月的时间采用调和行为提高信任程度。而且，在你真正说出真相之前，记得告诉对方你为什么要说出真相。陈述你的积极意图，并告诉对方你为什么认为对方会有兴趣知道你说的话。要进行开诚布公的讨论，这里还有几个关键点：

■ 使用“我”语言。“在我看来”和“我的看法是”用词委婉，把争吵清除出了你的话语。这些委婉的话语告诉难相处的人你说的是事实，而无需自封为事实。这样，听你说话就更加舒适，不那么压抑。

■ 对于问题行为，要就事论事。谈论问题行为，不要谈论刺头。一概而论的话，比如：“每次我们开会，你都会吹牛”不会有什么帮助。相反，你要给出具体的例子。

■ 向他们展示他们的行为是如何自拆台脚的。要让他们自觉地去改变，就要向他们展示他们的行为是如何坏了大事。

■ 推荐新的行为和选择。提出一些具体的建议，告诉他们在那些环境下可以采用什么不同的做法，告诉他们可能会有什么结果。要对人以诚相待，最大的障碍可能就是担心伤害他们的感情。但是，如果你闭口不谈，听任他们继续对自己做同样徒劳无功的行为，那么你就没有出手相助，拉对方一把。

灵活机动

无论什么时候你为了被理解而诉说，你的交流都不可避免地会影响你的问题人类。如果他们起了防范之心，你就要改变策略，暂时放下所说的内容，全力以赴去对付他们的回应。竭尽所能利用回溯、澄清、总结和确认去完全理解他们。这好像是个漫长的过程，但是，跟完全无法产生有益结果的行动/回应类型交谈相比，这种方式可能耗时更少，对你的思想和感情也折磨得较少。

诚实往往是最好的政策。我们经常感到十分惊奇：人们利用这么多的战略来对付彼此，却没有先试试一吐为快的效果。我们大力推荐与问题人类进行诚实的对话，作为最有效的战略之一，诚实对话可以让低谷中人发挥出巅峰功效。

小结

当你和问题人类交流时，

你的目标：为了被理解而诉说。

行动计划：

1.监控你说话的腔调。

2.陈述你的积极意图。

3.当发言被打断时，要机智得体地打断对方发言。

4.说出你的真相。

5.准备倾听。

8

得到你所规划与期待的

当人们变成问题人类时，在他们的周边，人们的轻率反应往往就具有挑衅的意味，并愈演愈烈。如果你想施加积极影响，就要深思熟虑，谨慎应答。尽量往好处想，对别人的嫌疑作出善意的解释，这符合你的利益。帮他们打破与消极行为的联系，帮他们割断与狭隘的自我概念（self concept）之间的联系，加强他们与你所期待的行为之间的联系，这也符合你的利益。如果你习惯性地这样做，难相处的人会逐渐地把你当做宝贵的盟友，而不是敌人，出人意料地实现你的积极期待。

皮格马利翁力量

我们听说，许多年以前，芝加哥的学校系统进行了一个有趣的研究，揭示了期待的力量。进行实验的研究人员请求几位老师为他们提供帮助。研究人员告诉老师他们之所以被挑选出来，是因为他们教学能力出众，而且有天赋的孩子也放到了他们的班里。实验的设计和研究人员的解释，都是为了弄明白：在不知情的情况下，有天赋的孩子在学校里会有什么样的表现。孩子和家长都没有被告知实验这回事。

结果：就像老师们期待的那样，这些孩子在学校里表现突出。老师们告诉研究人员与这些孩子们相处愉快，教学相长。老师们还表示愿意一直教这些有天赋的孩子。然后，研究人员告诉老师，孩子们不一定有天赋，因为他们是从芝加哥学校系统的学生里随机挑选的！在老师们陶醉于自己的天赋之前，研究人员告诉老师，他们也是随机挑选的。

研究人员把这种非凡的表现成果叫做教室里的“皮格马利翁效应”（Pygmalion Effect）。虽然没有正式地说出，但是，老师对学生的高期望值帮助学生树立了自信心并相应地付诸行动。其他研究也在一定程度上揭示了类似的原理：人们根据他人的期望值起起伏伏。

可能你经历过这种情况：有人对你持否定意见，无论你做多大的努力，你说和做的任何事情还是都遭到了歪曲。你要战胜别人对你的否定意见，可是却面临着困难。父母利用皮格马利翁力量，告诉孩子：“我告诉你多少遍了！你肮脏邋遢/笨手笨脚/爱撒谎/粗俗平庸/你不关心任何人，只关心你自己！”相反，这一机制甚至也可以用来让低谷中人发挥出巅峰功效。英明的家长发现告诉孩子下面的话更有价值：“那可不像你呀！你注重仪表/你知道怎样做到井井有条，有条不紊/你有爱心又诚实/你知道我们爱你/只要你下定决心，你能做好任何事情！”

当你的难相处之人作出问题行为时，你可能禁不住会想或说“那是你的问题。你总是……”或者“你从不……”要有效地利用皮格马利翁力量，就要学着说“那可不像你呀！你能……”并描述一下你希望他怎样，就好像他能达到你描述的样子。如果难相处的人有某个行为让你满意，你想再看一遍，就要学着说“我喜欢你那样。你……”并描述一下的他的积极行为，促使他再接再厉。

贝奇（Betsy）和苏利（Sullie）结婚已经几年了。苏利脾气很坏。对苏利这种人来说，家就是发脾气的场所，当他按捺不住要发脾气的时候，就会回家。他一走进家门，就会把工作中所有的挫败和失望倾泻给贝奇。

贝奇真诚地问自己是否想要脱离这种关系，答案是否定的。此时此刻，她决定要改变自己的行为举止，以便改变局势。那天晚上，她丈夫走进家门，又像往常一样发泄自己无尽的痛苦，她提高音量，让他可以听到，说：“苏利，那可不像你呀！”——即使他就是那个样子！她接着说：“你知道我们不该受到这样的待遇。你是关心家庭的人，我知道你不是故意让我们难受。”她的话让苏利吃了一惊。他不知道怎么回答，转开了圈子，又离开了家。他回来得稍晚一些，一个人待着，一言不发。

贝奇继续用这种说法来对付他的坏脾气。大约三个星期之后，发生了一件引人注目的事情。苏利走进家门，一天的工作让他焦虑不安，但是她还没有来得及跟他说话，他就举起了手，让她别说话，他点着头说：“我知道，我知道。这可不像我呀！”他笑了，她也笑了，消极的行为模式终结了。她利用皮格马利翁力量改变了他们的生活。

我们意识到：如果一个人行为古怪，皮格马利翁力量就不再是最好的解决办法。在你能采用这种方式轻松地谈话之前，你可能先要花些时间在心里练习一遍。在对方没有表现出变革的能力之前，你可能必须强迫自己希望他有变革的能力。然而，我们相信：你可以给自己一个惊喜，因为你有能力让低谷中人发挥出巅峰功效。

尽量往好处想，对别人的嫌疑作出善意的解释

乔是一位工程师，最后期限要到了，迫在眉睫。他躲进了办公室，希望找些时间静下心来完成工作。但是，卡尔在这儿，卡尔是乔的同

事，也是一位工程师。卡尔坐在客户座椅（guest chair）里，就这个项目给乔提建议。乔不需要这条建议。他就需要自己待会儿。如果乔说：“看，卡尔，我现在没空管这个。”卡尔可能会走开，想：“好，刚才，我可是想帮你来着。”但，相反，乔说：“卡尔，你愿意帮我处理这个项目，我真的感激你，你花费了时间，也提出了看法。”卡尔自豪地回答：“愿意为好朋友效劳。”然后，乔接着说：“现在，真正对我有帮助的就让我自己待会儿，这样，我就能集中注意力。你能做到吗？”卡尔自然会说：“当然，没问题。”

别管是真是假，尽量往好处想，总会对刺头产生积极效果。在上一个例子里，卡尔可能并不是想要帮忙。他坐在乔的办公室里可能是为了逃避自己不感兴趣的工作。但是，当乔认可了卡尔的积极意图，承认卡尔是在帮自己，卡尔就不会说：“帮你？不，你搞错了，乔。我坐在这儿，就是要浪费你的时间，拖延让我讨厌的工作。”

每当你告诉一个人她做错了，她就会小心戒备，拒你于千里之外。如果你尽量往好处想，对别人的嫌疑作出善意的解释，你就会把另一个人的戒备心理降到最低点。

比如：我们假设你得到了一些顾客的消极反馈，他们投诉某个服务代表行为恶劣。如果你只是出来告诉这个代表投诉的事情，代表可能误解你的行为，认为你只是像往常一样每天习惯性地训斥几句。代表可能与你争论，或者努力证实他或她的清白。或者，代表可能开始在心里嘀咕起来，证实自己没错，甚至听不进去你说的一个字。

在另一方面，如果你一开始就尽量往好处想，你会说：“我知道你确实想给客户提供最好的服务，因为你关心我们的客户。”代表就非常不太可能说下面的话：“不，我喜欢招惹客户，因为我真想少操点他们的闲心。”相反，你给了代表一个机会去确认一个积极意图，代表更有可能说：“当然，就是这样。”然后，你可以陈述你的意图。“而且，我希望看到你成功，你有能力做得最好。”现在，你已经明确了你的目标，你的目标就是提供帮助。“基本情况是这样，我收到一些客户给你提的反馈意见，我希望你结合自己的服务工作考虑一下。”

感谢批评

如果你是那种会对批评自动作出反应的人，尤其是在貌似不公的情况下，可能你已经注意到了保护自己往往会恶化局势。“我想，你的抗议太多了！”诗人莎士比亚（Bard）说。这句话的含义是：辩护就是认罪，你说的每一句话都会作为呈堂证供。你想要解释得越多，批评就好像越难缠。这里有一个简单易行的捷径，可以迅速终结批评，不需要把别人的批评藏在心底，也无需与之搏斗：说一些感谢的话，就可以结束别人的批评。没有辩护，没有解释，只需要一个简单的“谢谢”就完了。

几年前，我们参加了一个会议，有一个与会人员叫玛吉（Marge），发言人利奥讲了一个笑话，让玛吉怒火中烧。休息的时候，玛吉冲向利奥，愤怒地指责他乱开玩笑，可怕邪恶。利奥尽量耐心地解释说是组织会议的女士让他讲的那个笑话。他甚至不知道那个笑话什么意思！玛吉拒绝听他说话，认为他是在找借口，耍滑头，敢做不敢当，是在逃避责任。玛吉认为利奥的所作所为证明了他就是一堆扶不上墙的烂泥。利奥有点生气了，他表明了立场，要求玛吉停止辱骂并试着听他说话以作出改变。这也不奏效，很快他们就互相吼开了。最后的结局不像是个结局，他宣称：“女士，我才不管你怎么想呢！”说着，他转身怒气冲冲地离开了，因为被误解而怒不可遏，忿忿不平。

后来，大多数与会者都离开了房间之后，利奥走近里克，抱怨玛吉妄加指责，还对玛吉做了指摘。里克带着点消遣而又不乏公正的口吻说：“这个处理方法有意思。”

“哦，是吗?！你怎么应对这种情况呢？”利奥问。里克回答：“我只会说‘谢谢你告诉我你的真实感受’，就不再多说了。”利奥拍了拍自己的前额，然后说：“难以置信。嗳，我刚才怎么没想到呢？”然后，他走开了，嘴里还嘟哝着多简单的一句话，有这么大的作用。

当对批评你的人说出感谢的话时，你就不必为你的行为辩护和解释了。你只需听对方说完，并感谢她的交流。你不必就你所听到的内容问任何问题，除非你觉得有必要，或者你想弄清楚更多的问题。如果你不抵制，批评者一旦发言完毕，也就偃旗息鼓了。说“谢谢你的开诚布公”，或者“感谢你花费时间让我知道你的感受”，或者“感谢你这么费心”。简单，精妙，温和。

下次再有人批评你时，试试这个战略。开始你可能觉得抹不开面子，但是如果你感谢批评，你就会获得巨大的回报，得到长期的和平。

小结

当人们处于低谷之中时，
你的目标：规划和期待最好的结果。
行动计划：

1.利用皮格马利翁力量。

2.对别人的嫌疑作出善意的解释。

3.感谢批评。

第三部分

让低谷中人发挥出巅峰功效

你学习专门的技巧和战略去对付坦克、狙击手、万事通、三脚猫、手榴弹、老好人、和事佬、闷葫芦、悲观主义者、牢骚大王和难相处的自己。

9

坦克

马丁（Martin），出生成长于纽约城（NewYork City），接近四十岁。他很有幽默感，对街头巷尾的民间智慧了如指掌。你从他清澈的蓝眼睛里就能发现这一点。他刚搬到西海岸（WestCoast），在一家建筑公司就任经理一职。在工作上，他是个新手，欠缺经验。是的，马丁听说过两位新老板乔·谢尔曼（Joe Sherman）和拉里·潘策尔（Larry Panzer）的一些故事，他觉得这些故事大多都有点难以置信。但是，在上班的第二天，马丁突然感觉自己正盯着一尊炮弹上膛的大炮的炮口。马丁的新老板非常明确地告诉马丁：在他的公司里，逃避工作的人和偷奸要滑的人无处容身。双目凸出，咆哮声声。乔·谢尔曼警告马丁在工作上浪费时间的想法根本就不能有，因为许多人急于找工作，而且有些人甚至愿意花钱买在这个公司工作的机会。当坦克猛烈抨击着马丁的时候，马丁能感觉到同事的眼睛正在看着这一幕。“这家伙以为自己是什么人物？”马丁心想，这些威胁和恐吓使他哭笑不得。

新老板并不是只看着马丁不顺眼。恰恰相反，根据坦克的一贯作风，谢尔曼之所以咄咄逼人地横加指责，是因为受到了完成任务这一愿望的强烈驱使。在他看来，该发生的没有发生，所以，他通过挑毛病和钻牛角尖来维护自己的控制力。马丁只不过是撞到了枪口上。

当你受到坦克的攻击时，你就被当做了问题的一部分。咄咄逼人的行为旨在把你推回正常的轨道，或者消除你所代表的障碍。为达目的可以不择手段，所以任何地点几乎都可以变成战场。有时老板需要一个项目正常运行，有时愤怒的客户需要从低调的客服代表那儿得到帮助，甚或在他或她的家庭办公室里受到打扰的配偶需要集中注意力，无论是上述的哪一种情况，坦克关注的都是最终结果，并不耐烦地向前推进。

坦克做事直截了当，并不是不好琢磨。坦克的攻击可能是正面的全力进攻，声势浩大，力量十足。也可能果断冷静，紧张有序，有着激光外科手术般的精准。坦克能把你四分五裂，让你死无全尸。然而，具有讽刺意味的是坦克并没有针对某个人。攻击只是一种达到最终结果的手段。对坦克来说：只要目的正当，就可以不择手段。

你最好调整你的态度

注意你的感情，因为感情就是你最脆弱的一点。如果坦克发起了攻击，在感情上有三种典型的回应方式。这是自然的回应方式，但基本没什么用处。

■ 一怒之下，你可能禁不住发起了反击！如果你容易冲动，我们强烈建议你避免发生坦克战。精良的武器和严格的纪律可以让你赢得战役的胜利，但是你还是会输掉战争，因为坦克可能拉起一支反对你的联盟，让战争升级。

■ 你可能试图为你的立场辩护或者解释。不幸的是，坦克没兴趣听你的解释，解释什么都改变不了。如果说改变了什么的话，你的自我保护有可能引起坦克的敌意，坦克会变本加厉，报以更强的进攻。如果你想要结果的时候，听到的是别人的借口，或者如果你听到一个客服代表解释问题而不去解决问题，那么，你就能理解坦克变本加厉的原因，因为你知道这种敷衍的态度多么让人生气。所以，如果坦克说你基因有问题，你就算拿出你母亲的产前记录也没有用处。

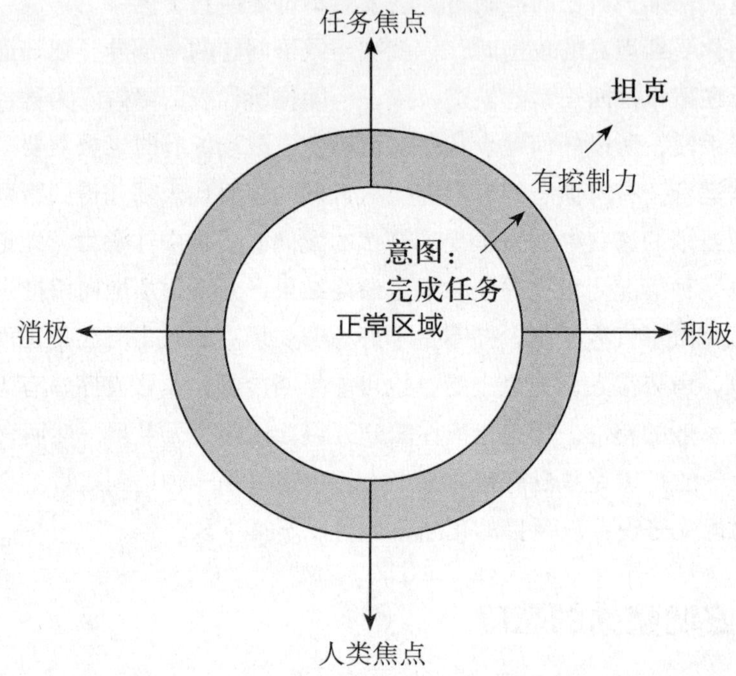

■ 你可能闭上嘴，变成个闷葫芦。一阵恐惧袭来，你也许想要撤出战役，悄悄溜走，舔舐自己的伤口，自我陶醉于仇恨满腔的复仇大计之中。然而，你必须不惜一切代价避免懦弱、无力和胆怯的反应。你的恐惧对于坦克来说就是稳操胜券的信号，让坦克觉得：攻击是正当的，而且不知出于什么原因你也该被敲打敲打。你的恐惧还甚至会使坦克痛打落水狗，把你打翻在地再踏上一只脚。

任何攻击、防守或者撤退的企图都会对你不利。相反，你必须抑制这些反应趋势，鼓起勇气坚持立场，然后向前一步，面对这个坚定的对手。假设目前你生活中有一辆坦克，或者你以前在什么地方对付过一辆坦克，这里有一些建议，你可以根据这些建议调整你的态度。

在你的脑海中，你就把坦克想象成一个上了发条的玩具，现在这个玩具需要让发条松下来。或者，想想你自己从前的事儿，你曾经勇敢地面对恃强凌弱之徒。如果你认识会对付坦克的人，那么把你自己想象成那个人，把他的想法和感觉移植到自己身上，正是这些想法和感觉让他更有效率。看看那些有信心，有自尊而且有自控能力的人，以便镇定而又专业地对付固执己见的家伙。比如，想想你要是克林特·伊斯特伍德（Clint Eastwood）会怎么办，你会说："继续，让我高兴高兴。"无论你用哪种方法，要习惯性地在心里至少演练几回对付坦克的方法，直到你觉得如臂使指，应付自如。

要调整你的态度，最后还要考虑一下你在攻击中可能扮演的角色。可能一个简短的解释就够了，但是你对细节纠缠得过多；可能你以人为对话的重点，但却好像偏离了任务，甚至是南辕北辙，不得要领；可能你想站在坦克的立场上，通过坦克的眼睛观察局势。这样，你就抓住了要领，可以一劳永逸地处理和防止坦克的攻击。

你的目标：博得尊敬

无论什么时候你遭到了言语的攻击、进攻和指责，你的目标一定得是博得尊敬，因为坦克不会攻击自己尊敬的人。暴躁好斗的人需要自信的回应。你的行为举止必须传递出一个清晰的信号：你强大有力，胜任工作。如果一示弱，就会遭致新一轮的攻击。你发出这个信号，但是你本人千万不能成为坦克。当你遭到指责时，你的人格也正在经受考验。你展示出的人格魅力最终会决定坦克对你的看法，决定坦克将来对你所要采取的行动。

行动计划

第一步，坚持立场。第一步就是原地不动，坚持立场，既不逃跑，也不做战斗准备。不管你正好是站着、坐着、靠着还是正在下定决心，都不要改变你的位置。你不必进攻或者防御，静静地看着坦克的眼睛，把你的注意力集中在呼吸上，慢慢地深呼吸。有意的呼吸是一剂灵丹妙药，可以让你重新控制自我。当你自我调节的时候，坦克有机会随心所欲地进行一轮攻击。

当马丁发现自己受到攻击时，他抑制住冲动，没有发起反击。不过，他坚持住了自己的立场。他看着老板的眼睛，保持住呼吸，等着狂轰滥炸的结束。狂轰滥炸结束的时候，马丁问："就这些吗？"

显然不止这些。坦克装填好新一轮的辱骂，又开火了。马丁压制住自己的脾气，慢慢地吸了一口气，平和地问："还有吗？"

"为什么，你……"谢尔曼最后一次装填好弹药，再一次开火。现在，他的弹药已经用完了，净拣些陈芝麻烂谷子说。此时，他只是站在那儿，盯着马丁，好像在等待着一个答案。

马丁平静地说："好吧，既然如此，我现在要回去工作了。"他说到做到。他转身，平静地走开了。

马丁的交流中有什么样的无声信息？"我聚焦于自己的工作，我正在完成任务，你打扰我了！"现在，在你上班的第二天，你不可能对大多数坦克都直言不讳，但是，你可以表明你的态度，因为行动比言语更响亮。

在一些情况下，只做到第一步，仅限于自我控制，是最优行动路线。比如，如果你在军队里，你的指挥官对你大发雷霆，保持你的自控能力能让你赢得尊重。美国海军上校吉姆（Jim）告诉我们："坦率地说：伙计们，如果海军上将对我说你基因有问题，我唯一的回答就是'是'！"我们表示同意。在军队里，在这种情况下所能做的只是保持目光接触，并在遭受攻击时保持呼吸。

在进攻开始时，发现你所处的环境，能够帮助你采取最为合适的回应方式。如果坦克是你的客户（客户总是对的）、配偶（你必须坚持到底）、一个不期而遇的陌生人（如果你觉得对方发疯了，就不要冒险……拂袖而去可能是你最好的选择）、你的老板（你还想在这个行业里干下去吗），还有其他人在场吗（关键是审时度势。从长远来看，忍辱负重甚至是毫无意义）？记住，谨慎即大勇。下定决心而又自然而然地去坚持立场，通常能够博得一些坦克的尊重。

然而，有时你也想跨过分界线，那么就采取我们的战略中的下一步来对付坦克的攻击。

第二步，打断进攻。别管一个人是不是在吼叫，要打断其发言，最好的办法就是反复喊其名字，直到引起完全的注意。名、姓、头衔，任何在双边关系中正常使用的名字都可以。

在遭到坦克攻击的时候，最好的办法就是喊他们的名字，坚定，清晰，一遍又一遍，直到他们停止攻击。重复五到六遍就足以让最坚定的坦克消停下来，虽然坦克还是企图提高自己的音量压倒你的声音。不过，坚持住，继续重复他们的名字，直到他们完全停下来。

“乔，乔，乔。”

“你别打扰我！我告诉你……”

“乔，乔。”

“我说：你别……”

“乔，乔。”

你一旦迈出了这一步就不能临阵脱逃，因为那甚至比原本什么都不做更糟糕。无需殚精竭虑去压倒坦克。你的意图就是自信地说话，而不是声嘶力竭地吼叫，要平静地坚持住自己的立场。实际上，只要自信没被看成是进攻的信号，暴躁好斗的人还是喜欢自信的人，因为自信的人能够坐怀不乱，坚持立场。

第三步，迅速回溯要点。一旦吸引了坦克的注意，就要回溯他指责的要点。回溯确凿无疑地表明你认真倾听了对方的讲话，向坦克表明你听到了他的谈话。这样，坦克也就不会再做任何重复了，并为下一步创造了条件。但是，要快。坦克做好了攻击的准备，和你一样迫不及待地要结束战斗。因为坦克在高速说话和思考，你的调和方式也得要加快速度。

“你知道，我在这个公司没有逃避工作和浪费时间的机会！”

第四步，瞄准底线，开火。根据你所处的环境不同，底线也各不相同，但是通常都可以用两句话概括。坦克的注意广度很短，所以你必须尽快有话直说。先要说明你的底线是你确定的，说："在我看来……"或者"我的看法是……"以免你向底线开火会再度引发战争。下面接着说什么要视情况而定。比如：

老板在办公室里对你怒目而视，要求知道："那个项目为什么还没完成？这个活儿，你已经忙了两个星期，但你已经落后了一个月！"你回答：

"老板，我明白你认为这个项目应该已经完成了（通过回溯来调和）。在我看来，我现在花点时间，以后就能节省时间和金钱（底线）。"

或者，在截然不同的情况下，如果遭到了攻击，你的底线可能是：

"玛丽，玛丽，玛丽（打断）。我知道你认为这样做有问题（回溯）。但是，如果你就这样跟我说话的话，我就不想讨论了（底线）。当你准备礼貌地跟我说话时，我会随时恭候与你讨论这个问题（转向未来）。"

在客服环境下，你会想要清楚地表明你和客户处于同一条战壕里。"我知道我们的服务没有让你满意（回溯）。你的满意是我们的目标。所以，我会迅速为你提供帮助，我需要一些信息，请回答几个问题，以便我为你提供帮助（底线）。"

注意：说"那么，我会迅速为你提供帮助……"指出了你和客户处于同一条战壕之中。然后，当你说"请回答几个问题"时，你就是在帮助坦克控制一下情绪。坦克型客户关心的还是得到结果。通过回溯，你表明自己清楚他们想要帮助。通过有意的变向，你表明你们处于同一条战壕之中。在这种情况下，你也可以采取问题变向："我问几个问题，介意吗？"

第五步，体面的和平。绝不要在坦克面前关门。坦克会觉得这是个挑战，继而破门而入。当你开着门，坦克就有了后退的空间。因此，如果坦克的指责是空穴来风，看法不切实际，要求蛮横无理，你必须变向，寻求和平解决，让坦克作出最后决定，你只决定时间和地点。

先要语气坚定地做一个假设："当我做完陈述时……"假设你能做完陈述。"当你准备礼貌地跟我说话时……"假设他们已经准备好礼貌地跟你说话。

现在，你安排好时间和场合让坦克作出最后决定。比如："当我做完陈述时，我会非常高兴听到你的反馈。""当你准备礼貌地跟我说话时，我就已经做好了准备，与你讨论这个问题。"

如果你正处于和睦相处模式，直言不讳与容易冲动都是让你深恶痛绝的洪水猛兽，就像核战争一样可怕。然而，对坦克来说：这些行为只不过是人们之间的小打小闹。当坦克考察你的个性和承诺时，小打小闹给坦克提供了一个机会，可以看清你的成色。自信的人喜欢自信的人。但是，不要奢望他们挥舞白旗投降。他们更有可能临走之前再开一炮，然后才离去。你不能打赢每次战役，但是你可以赢得更多的尊重。实际上，你的自信赢得了他们的尊重。在你将来与另一辆坦克的冲突中，他们会作为你的盟友出手相救，你不用对此感到惊讶！

如果坦克的指责属实，你是错的，怎么办？

前面的所有建议都是假定坦克冤枉了你。但是，如果坦克的攻击准确无误，怎么办？如果你确实是在无关紧要的活动上浪费时间、金钱或精力，怎么办？万一坦克对你的指责属实，你只需要采用一个三步走战略就可以解决问题。要结束坦克的轰击，最快的方法是：

1.承认错误。

2.简单陈述你从失败中汲取的教训。

3.陈述将来你采取什么不同的做法，以防止类似事件的发生。

第三步是关键。许多人成功完成了第一步和第二步，但是结果却令人沮丧，攻击并未停止。但是，你要从坦克的角度来考虑这个问题。如果坦克担心无关紧要的活动在将来重演，坦克就会因为担心你重蹈覆辙而再度发起攻击。你保证吸取教训，这非常重要，可以让坦克停止攻击。但是一旦作出了保证，就不要再讨论这个话题。坦克不需要也不能容忍哭哭啼啼、奴颜婢膝。承认错误和吸取教训需要勇气。所以，士兵，站直喽。

经典战例：击败难相处的人

“谢尔曼和潘策尔公司（Sherman&Panzer Inc.）”

马丁在谢尔曼和潘策尔公司已经做了一年的经理，已经提升为二把手。他能白手起家，脱颖而出，得益于两个因素：马丁有着杰出的交际能力，而该公司管理层内耗严重。第二个因素要归因于公司的两个雇主，他们坚信骚扰式管理模式，坚信管理中的“海鸥制度”（如果出了什么差错，雇主就会飞进来，大吼大叫，把每个人都训斥一通）。刚来公司工作没多久，马丁就受到了较多的辱骂，只不过烈度比刚开始低些。但是马丁发现辱骂犹如江水一样滔滔不绝，让人窒息。一天，马丁觉得自己受够了，认为有些事情必须改弦更张，如若不行，自己就要辞职换个环境。他决定跨越心理的马其诺（Maginot）防线，挑战地堡心态（bunkermentality），与雇主正面交锋。

他召集两位老板乔·谢尔曼和拉里·潘策尔开了个会。他的开场白是：“效率是我工作的目标（他相信这就是老板的意图，故而做了调和），但是，我们的士气存在问题，影响了效率。”把谈话着眼于效率，马丁吸引住了他们的注意力。

潘策尔嗤笑道：“哦，是吗？士气有什么问题？”

马丁回答：“在我看来，你们俩就是问题！你们来到工作场所，莫名其妙地大发雷霆，任何在你们面前的人都无法幸免。全体员工因而士气低下。你们雇用我管理这些人，却当众咒骂我，损害了我的权威。你们随意解雇员工，都不知道自己干些什么，好员工赶走了，差员工留下来了。全体员工因而士气低下。因此，我没法让任何一个人好好工作。人们蓄意破坏，偷窃公司财物，就是为了报复你们这两个家伙。我知道这是你们的公司（认可他们的观点，作出调和），如果不喜欢我说的话，你们可以立刻解雇我（与他们现在的想法调和）。你们想要利润（调和）却得不到。”

（这里要变向了）“好，你们如果想看看这家公司真正的发展潜力，我就让你们见识一下。但是你们需要回避一段时间。给我两个月的时间。如果不能表现得热情友好，你们就不要在工作场所出现。如果你们看着某个人或者某个事物不顺眼，先来告诉我，让我处理。来找我的时候，要对我有礼貌。如果你们打电话给我，并且开始咒骂，我就会挂断电话。否则，我今天就走。你们决定吧。你们想怎么办？”（他让他们作出选择，与他们的控制欲相调和）

两位雇主互相看了一会儿，他们的脸上现出了震惊与诧异。然后，他们站起来，挥挥手让马丁离开，说：“好，好，两个月！”他们走出了房间。在马丁听不到的地方，乔对拉里说：“哟，我以前还不知道他就是个狗娘养的。”

几个星期以后，谢尔曼和潘策尔召集马丁开了个会，示意马丁就坐。马丁坐下了，他们站在那儿，俯视了马丁几秒钟。然后，他们拉过来自己的椅子，乔用信任的口吻说：“马丁，在雇用你的时候，我们没告诉你这个，我们想着卖掉这家公司，搬到佛罗里达去。现在，我们想要留下，如果……喔，你想不想买进公司的股份，成为股东。当我们去佛罗里达的时候，你就能照顾纽约的生意？”

发生了什么？坦克多半尊重敢为自己辩护的人。马丁表现出了勇气和决心。谢尔曼和潘策尔知道，如果马丁照看纽约的生意，他们就能在佛罗里达逍遥自在，因为马丁不会允许任何人胡作非为。马丁立即兴高采烈地接受了这笔交易。

“温和的对抗”

经常坐飞机的人难免会碰到这种倒霉的日子，一切都是乱七八糟。飞机出故障了；本来十分钟就可以到的备用零件，一个小时后才姗姗来迟；飞机要排队等着起飞；到了目的地之后，许多乘客在人群中找不到自己的行李；挂失行李柜台前排起了长队，人们不喜欢挂失行李柜台。

队伍里有个家伙一边等一边小声抱怨，偶尔对自己前后疲惫的乘客发出敌对的评论。最后，轮到他走程序了：出示行李领取单，挂失行李，找行李。他决定教训一下行李认领处的女人：“她的”航空公司让他遭受了不公正的待遇，他要她本人为此付出代价。

她可能接受过特殊训练，知道怎样为特殊的客户服务，或者她可能天性如此。但是，考虑到当时的环境，她的表现确实难以置信。她任他发泄，她回溯，她反复保证，她甚至同意了！但是无论她做什么，无论她做了多少遍，他还是粗暴地对待她，就好像是她本人故意给他的旅行包贴错了标签。

最终，她以令人难以置信的优雅和耐心放下了钢笔，正视着他的眼睛。他也不甘示弱，朝她怒目而视。然后，经过长时间的对峙以后，她平静而又真诚地说：“先生，站在这个柜台旁边的人很多，但是只有两个人有可能关心你行李的下落。”她停顿了一下，让对方理解自己的意思：“先生，坦率地说，其中一个正在迅速地失去兴趣。”继而是长时间的寂静，一度怒火燃烧的脸上闪过一丝困惑。然后，就像变魔术一样，他的表情和缓了下来，怒火熄灭了。

前倨而后恭，这位绅士温顺地道歉：“你看，嗯，我不是要在这儿惹是生非，……嗯，我就是非常失望，嗯……喔，你明白。呵呵……我，嗯，对不起我发脾气了。我应该……我们应该怎么做才能拿回旅行包？”就像这样，他成为了她的盟友而不是敌人。

让我们检查一下这里发生了什么。当她说：“先生，站在这个柜台旁边的人很多，但是只有两个人有可能关心你行李的下落。”她在与坦克的意图调和。她让他知道她知道什么对他来说重要，同时还告诉他这也是她的意图。她整个交流的潜台词就是他们是潜在的盟友。然后，当她说："先生，坦率地说，其中一个正在迅速地失去兴趣。"她瞄准的是底线，向他表示他的行为正在使他们共同的目的落空。但是，真正起作用的是她口气和面部表情里的真诚。如果带着一点讽刺的意味，就会功亏一篑。她立场坚定，但又不咄咄逼人，使得他迅速改变了立场。

顾客总是对的，从商业的角度来看，这句话是无可争议的。但有时，如果你想帮助顾客的话，就必须得到顾客的支持。事实上，她的工作是搜集信息，帮助顾客，然后再同样帮助下一位顾客。试过了其他合适的战略之后，她选择了温和的对抗，用恰当的方式把坦克不当的行为反射了回去。显然，这位负责挂失行李的女士找到了良好的内部策略（internalstrategy），有所为有所不为，向前迈进。

小结

当有人变成了坦克，

你的目标：博得尊敬。

行动计划：

1.坚持立场。

2.打断进攻。

3.迅速回溯要点。

4.瞄准底线，开火！

5.体面的和平。

10
狙击手

达伦（Darren）和杰伊（Jay）是一家高科技公司的工程师。达伦比杰伊大五岁，已经在公司工作了三年。因此，人人都认为应该是达伦得到提升。但是，杰伊容易相处，工作努力，并且展示了很多新想法和新思路。他的努力最终得到了老板的关注，并得到了回报：杰伊被提升为区域销售经理。

提升后的一个星期，杰伊泊好车，进入了办公建筑。他向新办公室进发，看见所有的员工都聚在门厅里。达伦的每一个字都像磁铁一样吸引着他们，他们开怀大笑。当杰伊走近这个集体，笑声平息了，达伦的声音清晰可辨。“噢，那个杰伊！”达伦在说，“你问他几点了，他告诉你制表工艺！他现在没什么可说的，但你们等着瞧吧，不用多久你们就会发现真相的！哈哈哈哈！”注意到听众不再发笑，达伦转过头，看其他人在端详什么。达伦发现了表情激动的杰伊。“噢，嗯……这就是那个大人物本人！”

“我做了什么，要受到这样的待遇？”杰伊心想，一边盘算着成为狙击手的目标后应该怎么应对。

狙击行为有几个诱因。有些人对事情的结果不满意，对妨碍其计划的人心怀怨恨，因而才会狙击。一些人担心别人会妨碍其计划，因而预先釜底抽薪，加以狙击。还有些人狙击是为了让他们喜欢的人能注意到他们。

不友好的射击

如果事情没有按照计划的那样进行，或者事情受到了阻碍，完成任务型人物可能会设法通过狙击去消除反对。为了避免遭到报复，狙击手需要隐蔽埋伏，适时出击。狙击手隐藏在迂回曲折的手段后面。这些手段包括粗鲁的评论、辛辣的嘲讽、尖锐的口气以及经典的白眼。狙击手会把混乱当做武器，说些不相干的话，让人偏离轨道，显得愚昧呆傻。几发精准的射击之后，狙击手迅速成为了唯一一个屹立不倒的人物，并控制了局势。

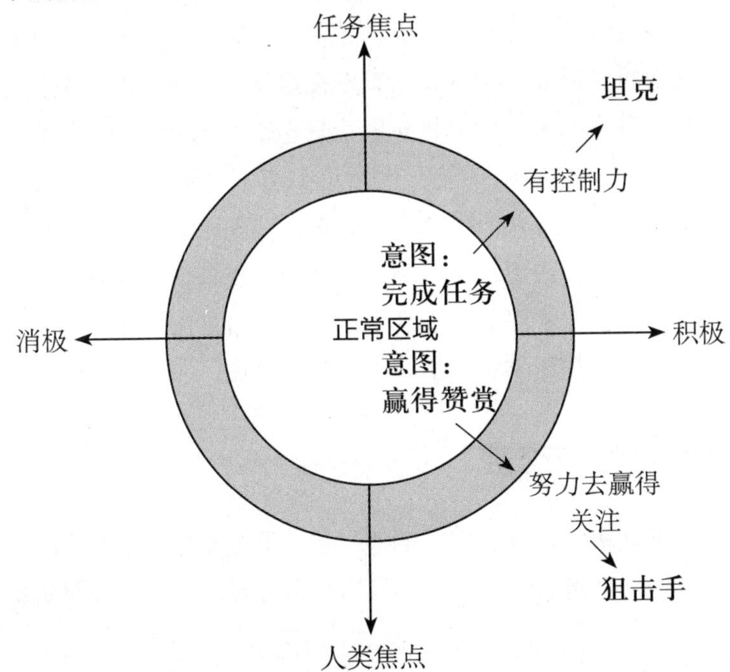

当怨恨与狙击联系在了一起："别生气，消消气！"就成了狙击手的惯用的伎俩。我们讨论会的听众说：这里的几个嫌隙会引发狙击手的进攻：

一个家伙不愿意为女性主管工作。

年长的不愿搭理年轻的新贵，因为新贵不像他那么有经验。

官员认为自己在重大项目上被搁在了一边。

女性朋友爱上了自己至交的丈夫。

母亲对孩子的择偶取向提出建议，遭到了忽视。

父亲心怀不满，因为女儿的配偶不理想。

同学嫉妒新同学的成功。

就达伦和杰伊而言，达伦没有得到提升，觉得受到冷落，因而觉得生气，迁怒于杰伊。

友好的射击

并不是所有的狙击都以杀伤为目的。还有相对没有恶意的戏谑性的狙击，以吸引人的注意力为目的。有时揶揄耍笑也是吸引注意力的手段，想要引人发笑，进而赢得他人的赞赏。有时，开开玩笑，调侃一下对方，对抗对抗，反而能增进友谊。电视里有一个永存的虚拟世界，在这个世界里，朋友间善意的对抗叫做情景喜剧。大家互相无情地调侃取笑，摄影棚里的观众哈哈大笑，然后再上演下一幕。但是在现实世界里，并不是每个人都喜欢冷嘲热讽，或者在别人蓄意贬低的时候还能笑得出来。戏谑性的狙击不仅能对预定目标带来皮外伤，还能造成致命的伤害。戏谑性的狙击手可能永远都不知道自己带来的伤害，因为他们插科打诨的对象脸上挂着笑意，但心里却在流着血。

你最好调整你的态度

如果你不喜欢别人取笑你，不喜欢遭到狙击弄得伤痕累累，大家就都会知道你是一个脆弱的目标。一旦这个消息传了出去，你倒霉的时候也就到了，有人会设法利用你的脆弱（看看小学生是怎样彼此折磨，最脆弱的孩子受到的戏弄最多）。每当你对狙击作出反应，狙击手也就受到了鼓励，变本加厉。

受到了这种挑衅，你可能想盲目地猛烈抨击对方，或者溜之大吉。但是，无论你采用哪种做法，你的失败都使狙击手获得了胜利。或者你会反过来取笑对方，但是注意了：如果你没学过怎么幽默地对难相处的人说可憎的话，你那软弱的复仇企图肯定会归于失败，反而自取其辱。所以，你倒不如勇敢地面对问题：要终止对方的狙击，你就要学习忍受狙击，因为如果狙击手得不到你的回应，他们的行为也就失去了价值。

对待狙击手，要采取一种愉快而又好奇的态度，这样，你就能从一个合理的角度观察狙击行为。当狙击手狙击时，不要把他的行为当做人身攻击，培养起自己的好奇心，关注狙击手，不要在意你自己。因为狙击行为是缺乏安全感的表现，如果你把这个刺头看成是一个局促不安的小学生，你可能就会从狙击行为中发现幽默之处。你可能想起了一个最好的答案，可以回答嘲讽："我知道你是，但我是什么？"或者次一点的答案："我是橡皮，你是胶水，你说的任何话都从我身上弹回去，粘到你身上。"这样想会有很大的帮助。上述答案让人难以置信，说出来这些答案也并非易事！

玛丽过去常常需要对付一个叫罗恩（Ron）的同事，因为罗恩在开会的时候打她的冷枪。一天，遭到狙击之后，她用孩子般的嗓音说："你了解你，但你了解我吗。"会上的每一个人因为他们之间的对话而发笑，但罗恩除外。玛丽体面地缓解了气氛，发泄了自己的不适，以一种轻松的方式揭露了狙击手的幼稚行为。罗恩显然没有被逗乐，但也不再狙击她。

如果真正理解了狙击，就要学着果断地去应答，不屈不挠。找个冷静、镇定、泰然的人做榜样。或者，回顾一下你遭到狙击的时候，在心里改变历史，这次你只动动嘴唇就镇定地干掉了狙击手。

天真的狙击手并不是要存心找你的麻烦，在对付天真的狙击手时，就要转换思路。把他们的言辞当做爱慕的信号，或者当做古怪的行为。

你如果不会因此而发笑，至少也要学会用笑声来摆脱狙击。

你的目标：让狙击手现身

在对付狙击手时，你的目标是让狙击手现身。别管你面对的是什么类型的狙击手，别管是戏谑性的狙击、有控制力的狙击，还是带有怨恨的狙击，你只需记住一点：如果无处藏身的话，狙击手就无从狙击。狙击手力量有限，靠的是暗箭伤人，而不是正面推进。一旦你暴露了她的位置，她的位置也就没什么用处了。对狙击行为做直接而又自信的处理，你让狙击手失去了狙击的乐趣，甚至有可能迫使狙击手离开藏身之地，立于共同基础之上。

行动计划

第一步，停下来，观望，回溯。由于你的目标是让狙击手现身，你必须先对准他的藏身之地。如果因为说话的内容和说话的方式让你觉得有人在向你射击，停下来！——甚至一个句子或者一个单词只说了一半。打断自己，全神贯注，一动不动。搜索狙击手，然后回溯他们说过的任何内容，一切都要进行得平稳流畅。

打断自己能产生巨大的能量。无论你是一对一，还是现场有目击者，打断自己都能把所有的注意力集中到狙击手身上，狙击手自己的注意力也包括在内。如果狙击是其他人已经看到的面部表情，你可能无法用言语来回溯，但你可以迅速地模仿一下你所看到的面部表情。这样有可能引来笑声，缓解个人的紧张情绪。被狙击手打断之后，如果你迅速回溯其无礼言论，就等于是在半空中抓住了子弹，让其落在地上造不成伤害。无声的信息是：“你没打中我。”

杰伊停了下来，站在那儿静静地看着达伦。杰伊扫了一眼聚在门厅里的面孔，然后把目光锁定在达伦身上。杰伊以平静的口吻和好奇的态度说：“啊，我听你说我‘什么都说不出来，但是你还得等老长时间，看他磨磨唧唧地想好词儿。’（回溯）”

第二步，使用探照灯问题。现在要打开探照灯，提问一个问题，让狙击手处于尴尬的境地，揭露其行为。有两个探照灯问题，可以用来问狙击手：

■ 意图问题。“你说那些话的时候，你到底想要说些什么？”你可以询问他交流的真正意义，可能就能暴露狙击手对你所持的怨愤。

■ 相关性问题。“那跟这有什么关系？”你可以询问他交流与现状的相关性。

无论你用哪个探照灯，善加利用探照灯的关键都是保持语调的平和，脸上挂着无辜的表情。不要表现出一点讽刺的意味。你表现得越平静、越专业，效果就越强大。

让我们研究一下这两个探照灯问题，看看达伦和杰伊在门厅里的状态。

如果杰伊问达伦意图问题，情况可能是这样：“当你说等老长时间才明白我想说什么，你到底想要说些什么，达伦？”（探照灯问题，查究怨愤）

“没什么！开个玩笑，就这样。怎么了？”达伦说。试图再开第二枪：“开不起玩笑？”达伦的脸一本正经。

“达伦，当你说‘开不起玩笑’，我还在想你到底想要说些什么？”（探照灯问题，查究怨愤）

或者杰伊可以用另一个探照灯问题，询问狙击手言辞的相关性。要探究相关性，先要按照你的理解陈述当前局势或者活动的目的。然后，问问狙击手的评论和你所陈述的目的有什么关系，比如：“那（他说的）和这（你所陈述的活动目的）有什么关系？”

使用探照灯问题来询问令人困惑的言辞或者讽刺性言辞的相关性，你可以重新把注意力集中在有价值的目的之上，以便回到正确的轨道。实际上，你可能会搞清楚相关性是什么，继而可以解决问题。

无论你选择使用哪个探照灯问题，狙击手都有三种反应可供选择：

■ 后退。在这种情况下，继续你在打断前的工作。

■ 继续狙击，直到狙击手从尴尬的境地脱身。在这种情况下，继续回溯和提问。在经过几次失败的尝试之后，狙击行为就会停止。

■ 从藏身的树后面出来，发动全面的正面坦克攻势。

第三步，如果必要，采取坦克战略。如果狙击手变成了坦克，也就是说：他们开始指责你造成了这个或者那个问题，没有问题，对付得了。在某种意义上，你实际上已经改善了局面，因为你在某种程度上已经发现了问题所在。但重要的是，要采取坦克战略，博得尊敬，不仅要博得坦克的尊敬，还要博得攻击现场目击者的尊敬。记住要坚持立场；当发言被打断时，要打断对方发言；回溯对方指责的要点；而且在这种情况下，在你选好时间和地点向他们递出橄榄枝之前，要瞄准你自己的底线。

第四步，巡查怨愤。如果你怀疑有人对你怀有怨恨，但你还不确定，巡查一下，看看能搜索到什么。如果你发现了某人心怀怨恨的证据，你可能会想消除误会。做这种事，最好的地点是在与其私下会面的场所。中立的第三方在场有时候也起作用，但是不能用在第一次会面的时候。一开始对话，就告诉狙击手所有你所知道的其发表的负面言论，并通过问意图问题搞清狙击手到底想要说些什么。

如果狙击手否认任何隐性议程，尽量从他或她的境地来考虑。在心里回顾事情的前因后果，才能理解其中的缘由。一旦想到了一个主意，就提出来，并观察对方的反应。如果你想到了几个可能性，迅速说出来。用下面的话开始你的猜测“我不知道你怎么了”或者“这里我做个猜测，但是……”一旦你作出了正确的猜测，狙击手就可能会认可你说的话，并补充你所忽视的任何细节。

如果你能成功地让怨恨浮出水面，就必须仔细倾听狙击手说的每一个字。你的目标是让狙击手彻底地表达出他或她的观点，直到你明白为止。明白并不意味着赞同，不赞同也不意味着你必须采取什么行动，因此，无需辩护、解释，或者找借口。回溯，澄清，并帮助刺头完全表达出自己的怨愤，你不要采取任何抵抗，要竭尽全力从狙击手的角度看问题。一旦完全理解了怨愤的本质，你就要让刺头知道你理解了，并且感谢刺头直言不讳地描述了问题。

如果怨愤是正当的，你就要承认怨愤的正当性，或者承认错误。这样做可以增加你的可信性，让你赢得尊重。如果你相信你所拥有的信息可以说明情况，你就要按照下面的方法告知他。“我可以告诉你这件事情是怎么发生的吗？”如果他说不是这样，你只需回答“说得对”。即使是在公共场合下表达的怨愤，你也可以采取这种处理方法。每个人都觉得好奇，想听听你的故事，因而他们会在当时或者过后询问。

比如，你在开会。狙击手在旁边冷嘲热讽。你回溯，并问意图问题，查究怨愤。狙击手告诉你：“你说得时间太长，说得太多。我们现在不需要这么多的细节，你已经超过了分配给你的时间。你知道，其他人也需要发言。”如果你认为指责属实，只需要说：“你是正确的。我把这部分做完，给别人腾出地方。”

如果你进行的是私人会面，狙击手不愿说话，那么这个狙击手就取得了当闷葫芦的资格。要对付这种难相处的人，你可以在第十六章找到更多信息。

第五步，勾画一个文明的未来。无论是私下会面还是在公共场合，都要提出将来的变通行为，以结束互动。它可以先帮助你和狙击手在更高的意图上达成团结，更高的意图就是公司的利益、团队的利益等。然后说：“将来，如果你对我有意见，来找我进行一对一的交谈。我保证听你说完。”在你这样说之前，他或她可能还不知道与你交谈也是一种选择。与狙击手的会面和讨论行将结束的时候，应该让他们知道你喜欢在将来进行开诚布公的交流。

特殊情况：友好的射击

有些狙击手真的喜欢你，只是在插科打诨跟你开开玩笑，那么，你该怎么办呢？你怎样才能让他们停止开玩笑，不再伤害你？首先，记住最好私下里让狙击手注意一下自己的行为，因为让他们当众受窘或者受辱，不符合任何人的长期利益。使用诚实战略，让他们知道你不喜欢被调侃，不欣赏这种幽默。告诉他们你不觉得好玩，告诉他们你一见到这种幽默就想避开。让他们知道你更喜欢崇拜他们，然后要求你想得到的东西。他们可能没法明白：他们的插科打诨显而易见是善意的玩笑，别人为什么会生气呢？但在你面前，他们可能还是会改变行为举止，至少两个星期。在这两个星期里，你的目标是：每当他们开非狙击类的玩笑时，赞赏他们。既然他们的意图是赢得赞赏，通过你的正面强化，他们可能会发现自己能够得到赞赏。

特殊情况：第三方狙击

你偶尔会听到报告说“某某人”对你做了“如此这般”的评论。问题是，在这个局面下，谁是狙击手？是那个“某某人”还是告诉你“如此这般”的人？报信的人有时就是真正的狙击手，只不过披了一层伪装而已。他们断章取义诬陷他人，把无耻谰言打造成锋利的长矛，刺进你的胸膛，自己却一脸的无辜：“你听到‘某某人’怎么说你了吗？”

这个报信人把想象中的狙击手告诉了你。如果不知出于什么原因，你理解不了其中的缘由，那么就打开探照灯，问：“‘某某人’知道你告诉我这个吗？”如果答案是“不知道”，那么就告诉报信人只有当所有各方都在场的情况下，你才会继续讨论这个问题。所有各方指的是你、被告和报信人。“我们去和‘某某人’谈谈。”就在此时此刻，此事也就结束了，报信人会迫不及待地离开，躲避你那明亮的探照灯问题。

然而，假设你的报信人是个可信的密友，你可以依靠他得到可靠的消息。在这种情况下，放下手头正在做的事情，直接去找可能的狙击手。告诉他们你听到的内容，问是不是真的，因为即使是可靠的来源也可能出错。如果假定的狙击手问“谁告诉你的”记得要为你的线人保密，重复你刚才的问题作为对其问题的回答：“事实上，那不是个问题。我在问你，你是不是那样评价我的？”无论狙击发生在你的身上、周边或是背后，对付狙击手的战略都是使狙击行为变得不舒服，让狙击手现身。如果想象中的狙击手矢口否认，随他去，因为你的目标是要让他或她不舒服，并不是要让他或她坦白招供。如果再次听说他或她有什么不当言辞，重复这个过程，因为如果你让他们无处藏身，狙击手就没法打冷枪了。

经典战例：击败难相处的人

“杰伊和达伦”

让我们再次与杰伊和达伦会合，看看杰伊怎么解决他的狙击手。

“噢，那个杰伊！”达伦对杰伊的同事说，“你问他几点了，他告诉你制表工艺！他什么都说不出来，但是你还得等老长时间，看他磨磨唧唧！哈哈哈哈！”然后，达伦转过头，看其他人在端详什么：“嗯，噢。这就是那个大人物本人！”

“嘿，大家好，”杰伊说，“达伦，我需要你帮个忙。我能在我的办公室跟你谈一会吗？”一旦他们到了办公室，杰伊并没有装腔作势地说话。“达伦，这个机构里有人比你年轻，比你资历浅，却抢在了你的前面，得到了本该属于你的提升机会。碰到这种情况，或者将来碰到这种情况，对你都是一个不幸。”（巡查怨愤）然后，他停下来看着达伦，等待回答。

达伦坐在那儿，紧闭着嘴唇，皱起了眉毛，盯着杰伊，怒火在眼中暗暗地燃烧。杰伊接着说：“我知道升迁与否无关紧要，因而我也没有要求或期待这次升职。如果我是你，我会觉得在这家公司有点不得志。”达伦叹了口气。

杰伊继续说：“我认为你很有能力。我们一起工作的时候，我从你身上学到了很多东西。我们这里制造的是优质产品，我们的优质产品会使人们利用电脑过上更轻松高效的生活。要成就这番事业，我们就需要团结一致（在更高的意图上达成团结）。我期待你的加入，达伦。我觉得你有很多的想法想要分享。我们将来应该做什么？”

最后，达伦说话了：“喔，有一件事情你是对的。这不公平。我在这儿的时间比你长得多。我付出了努力……”杰伊只是静静地倾听。在达伦说话的时候，杰伊点头认同，并不时地回溯。一旦达伦发泄完了怨恨，他就好像又变成了一个理智的人，就像杰伊以前见到的那个样子。“……但我猜这不是你的错。”

然后，杰伊说话了：“如果将来咱们出了问题，你能保证找我面谈，而不是背后议论？”（勾画一个文明的未来）

当杰伊问“你能否保证像我预料的那样，成为团队当众的积极一员”的时候，杰伊自己就已经把两人的关系推向了未来。

“好的。”达伦有点害羞地说。接着补充道：“经理先生。”

然后，两个人都笑了。

“巨大的相关性挑战”

苏在印第安纳（Indiana）一家小制造公司工作。她是所在部门里唯一的女性，而且在每周举行的全体雇员例会上，她也是唯一的女性。参加这些会议的男性中有一位搞性别歧视的狙击手，他似乎热衷于挑衅，激怒苏，打击苏。他有时言辞冷酷，出言不逊，每当苏设法提醒他注意时，他通常回答：“嘿，千万不要往心里去。你开不起玩笑吗？”其他男人会暗地里发笑，苏会变得垂头丧气。

一天，苏觉得应该调整自己的态度。她把自己的故事告诉我们：“他们都反对我。”我们给她提供了另外一个观点。我们向她指出：别忘了，在这个群体里，可能并不是其他的男人都在嘲笑她。他们可能只是感到不舒服才发笑，因为这是许多人的通用做法，当他们不知道还能干些什么的时候，他们就用笑声来排解自己的不适。我们问她是否也曾紧张地发笑。“是的。”她紧张地发笑，“我认为我这样笑过。”

接下来，我们建议她把注意力集中在狙击手上，不要管群体里的其他男人。我们给予她狙击手战略，让她试用之前在心里演习几遍，最后我们送她上路了。几个星期以后，她兴高采烈地打来电话，汇报进展情况。

她说她用相关性探照灯消灭了狙击手，效果神奇。被打了冷枪之后，她转向狙击手，平静而又好奇地说：

“我想，这次会议的目的是为我们的质量提升计划提出革新办法（陈述会议的目的）。我的提议旨在提高质量（把自己与会议的目的结合起来）。我想知道，你的评论（这里，她回溯了性别主义者的言论）对提高质量有什么帮助？”（探照灯相关性问题）

接着，她摆出一副无比天真的表情。他又用自己的标准答案回答：“嘿，宝贝儿，千万不要往心里去。你开不起玩笑吗？”她已经做好了准备。她用更加好奇的口吻回溯了这几句话，然后问道：“就算我往心里去，就算我没有幽默感，又跟提高质量的革新有什么关系？”（探照灯相关性问题）

无论他说什么，她都是回溯，并要求他给出相关性。在眩目的探照灯问题下，他以前的盟友突然开始看着他，好像在说：“谁让这个怪人来这里的？我们不认识他。”他最后说什么呢？“别在意。”结局就是这样。我们怀疑，后来还有个续集：他以前的盟友无情地取笑他，因为她采取手段战胜了他！

小结

当有人变成了狙击手，

你的目标：让狙击手现身。

行动计划：

1.停下来，观望，回溯。

2.使用探照灯问题。

3.如果必要，采取坦克战略。

4.巡查怨愤。

5.勾画一个文明的未来。

11

万事通

年轻的波斯韦尔（Bosewell）博士是一位实习医师，对临床营养非常感兴趣。他用业余时间满足自己的兴趣，但是他的业余时间极少。他就是如此地热衷健康护理，几乎每个星期，他都会至少花几个小时在医学院图书馆查找文献、读书或者阅读文章。不幸的是，他的临床导师莱维特（Leavitt）博士是一位年长的内科医师，莱维特博士在很久以前就给这些事情下了定论。他认为，营养食品比各种基本的食物强不了多少。他还认为营养疗法是一种江湖骗术。在莱维特博士的脑海里，真正的医术只有两种形式：药物和手术。

在临床会议上，波斯韦尔一再推荐营养疗法。他已经做好了充分的准备，要把营养疗法的研究成果介绍给大家，以支持自己的建议。他相信这对病人有好处。但是，莱维特博士凭着多年的经验和积累的知识，总是以命令的口吻打断年轻的实习医师，然后立即屈尊澄清是非：

“波斯韦尔！你有没有再去健康食品商店闲逛？我告诉你多少遍了？不要再提所谓的‘治疗’营养学！‘治疗’营养学就是胡说八道！我以前说过，治疗并不复杂。下一个病人。”

像莱维特博士这样的万事通，知识渊博，能力出众，信心十足，敢于直言不讳地发表自己的观点。他们的意图是按照他们预先规划好的最佳方案完成任务。因此，他们的控制力会很强，难以容忍别人的更正和反驳。新想法和变通的方法经常被看作是对万事通权威和知识的挑战，别管这些想法或方法有多大的价值。当他们的决定或者主张受到挑战时，他们就奋起应对挑战。当他们的决定或者主张受到质疑时，他们质疑质疑者的动机。

万事通相信，错误就是屈辱。他们觉得自己的命运和职责就是高高在上、呼风唤雨、发号施令。他们毫无顾忌地占用你的时间去交谈，但是却不会浪费一点时间去听听别人那“笨拙”的想法。结果是，你很难表达自己的想法，几乎不可能发表意见。

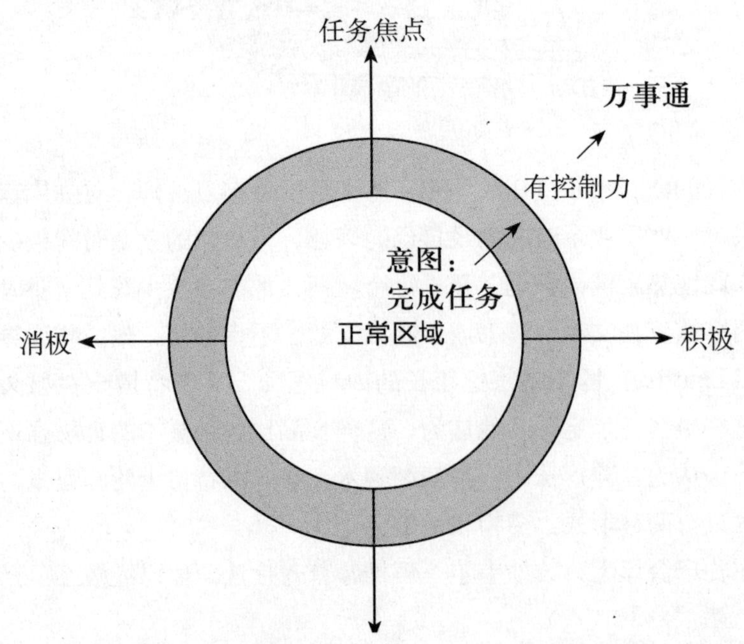

你最好调整你的态度

遇上万事通时，你必须抵制住让自己变成万事通的诱惑。这种诱惑会导致思想僵化和身体问题，你会拒绝低头，一次也不肯让步。

万事通傲慢地拒绝接受他人的意见，但你还必须顶住怨恨万事通的诱惑。这些怨恨会不断增长，直到爆发，演变成争吵。这种做法没有意义，而且你很有可能会失败。

不要帮着万事通把你自己弄得悲悲戚戚，你可以克制自己，要灵活、耐心而又非常聪明地采取恰当的方式提出自己的想法。那么，这就是你的决定。如果你遵循自己的决定以便有效地对付让你难以忍受的人，这样是否值得呢？如果答案是肯定的，你就要透过万事通光鲜的外表，重新规划你的经历。你要意识到：这个难相处的人思想封闭，注定要和人生当中的一个根本力量作斗争。这个根本力量就是不确定性。在这场斗争中，他们能赢得的主要是聊以自慰的末等奖：觉得自己是正确的。因为马塞尔·普鲁斯特（Marcel Proust）说过："真正的发现之旅不是寻找新大陆，而是用新的视角去观察。"局限在自己创造的小圈子里，万事通无疑在本质上是个不开心并缺乏安全感的人，无论实验室工作服有多么干净，也无论履历有多么的无可挑剔。

接下来，走进实验室，回想起你以前与万事通相处的经历。问问自己可以作出什么变化？据你所知，谁具有耐心、灵活与聪明这些品质。他们会怎样处理这种情况？在你自己的生活里，你在何时何地拥有过这些品质？在脑海中，回到你和万事通的上次会面。把这个事件反复播放几遍，做到头脑灵活和随机应变，培养耐心和精确。如果你平和地向万事通提出你的想法和变通方法，你就会用到这些品质。

你的目标：开发他们的头脑，让他们接受新的想法

对于万事通，你的目标是开发他或她的头脑，让他或她接受新信息和新想法。有一天，你可能会灵机一动，茅塞顿开！那一天到来的时候，而且你也觉得应该把你的想法付诸实施，那么，瞄准你的目标，大

胆试一试。如果万事通挡住你的路，你就要越挫越勇，下定决心，开发其头脑，让其接受你的想法。

行动计划

第一步，做好准备，对手头的工作心知肚明。万事通防御系统监控着收到的信息，会从鸡蛋里面挑骨头。如果你的思想有任何瑕疵，或者你的想法有任何模棱两可的地方，万事通雷达就会明察秋毫，吹毛求疵，否定你的整个想法。因此，为了让万事通考虑你的变通和想法，你必须提前把信息过一遍，想明白。既然万事通耐不住性子听听别人的想法，你就必须知道自己想说什么，知道怎样说得简洁明快、清清楚楚。

第二步，有礼貌地回溯。注意：跟难相处的人相比，万事通需要你做更多的回溯。在你让他们转向你的想法之前，他们必须觉得你已经听到并理解了他们观点的“精妙之处”。如果万事通说过了什么，但是你不说回去，你就是在冒着再听万事通絮絮叨叨的危险，万事通会重复，一遍又一遍地重复。如果需要的话，万事通会一直重复到你缴械投降为止。显然，这样的经历非常沮丧、冗长和郁闷。有人说这是酷刑。无论你说这是什么，都最好避而远之。回溯是个明显的信号，让万事通明白你一直在倾听。

然而，如果万事通好像变得有点不耐烦，你就要少回溯，向前进。如果他们对你说过“拣关键的讲”，你就要结束回溯，采取第三步。

第三步，与他们的疑惑与愿望调和。如果万事通真的相信一个想法，那是因为特定的标准给这个想法增加了含金量。如果万事通对你的想法有疑惑，那是由于出于某种原因，这套特定的标准没有得到满足。如果你知道这套标准，在提出想法之前就承认这套标准，你会发现与这套标准调和是有用的。然后，在你的想法里体现出你已经将这些因素考虑在内。

你怎么才能知道万事通极其宝贵的标准？喔，真幸运，万事通也会习惯于发表一系列有限的否决声明（dismissal statement），进而反映那些极其宝贵的标准。假以时日，专注的倾听者就很容易预判这些声明。在讨论过程中，万事通会不管正在讨论的想法，精心准备，适时出击，突然插入标准的否决，比如“我们没有时间”或者“这个时候，我们没法改变”。如果你推测其中的一项否决会破坏你的信息的有效性，你就要在他们逮住机会说以前就告诉他们。你可以解读他们的否决声明，以此开始阐述你的想法，把你的想法和他们的疑惑一致起来。你可以向万事通表明你的想法符合他们的标准，你也可以与万事通的愿望一致起来。

“既然我们没法做不必要的改变……”或者“既然我们没有时间……”

你做有礼貌的回溯，使得他们真正觉得你已经理解了他们的话。你与他们的疑惑与愿望调和，就能在他们的防御系统里打开缺口，进而你可以吸引住他们的注意力，并提供自己的信息。既然你的行为没有一点攻击的意味，他们也就不需要保卫什么。现在，你与他赤诚相待。

第四步，曲折迂回地提出观点。这一步要进行得迅速而谨慎。你暂时使他们的防御系统瘫痪了。现在到时候了，要把他们转向你的想法或者信息。你在变向的时候要记住下面这些有用的建议，以防止万事通再次举起盾牌。

使用温和的词汇，比如“或许”、“可能”、“这可能跑题了”、“给我一点时间”、“我就是觉得好奇”和“你怎么认为”，听起来就委婉温和、迂回曲折，而不是板上钉钉、咄咄逼人。

使用“我们”之类的复数代词，不要使用“我”或“你”之类的单数代词。“如果我们怎么怎么样，你认为会怎么样；如果我们将要怎么样，结果会怎么样。”就这样微妙地提醒他们，你不是敌人而且他们也没有受到攻击。万事通在考虑时，也会觉得你的想法或者信息也有他们的几分功劳。

用疑问句，不要用陈述句。要想成为万事通，就必须知道问题的答案。这意味着他们必须考虑问题，以便回答问题。比如：“耐心听我说吧，我感到好奇，如果我们在某些领域试验（你的信息和想法）一下的话，你认为会发生什么？”

所有这些对付万事通的步骤都需要你具有极大的耐心。你必须在说话之前，先动动脑子；你必须真诚地回溯；你必须把你说的一切和他们的疑惑与愿望一致起来；你必须曲折迂回地提出新想法（在采取上面的任何措施之前，你可能不得不服用止呕药）。就跟对付任何难相处的人一样，你首先必须确定付出的努力与得到的结果是否相称。但好消息是，随着时间的推移，这个战略也更加简单。并不是你作出了让步，而是你继续以和平的方式接近万事通，所以你在万事通的屏幕上也开始以“友人”的面目出现。你的想法讲清楚了，并获得了万事通认可，你的想法证明是有效的。在万事通的眼里，你的成绩记录足以为你赢得尊敬。

第五步，把他们变成导师。对于你期待的长期变化，这里有个捷径。在你的人生中，如果你渴望在某个领域取得进展，你可以公开承认这个学识渊博的刺头是你的导师。

彭妮（Penny）是我们的一个朋友，来自俄亥俄（Ohio），有着杰出的成绩记录和履历。年纪尚轻的时候，她就到一家巨大的银行系统工作，她的目标就是成为这家机构历史上最年轻的经理。并不奇怪，彭妮在奋斗的过程中取得了巨大的成就，并迅速获得了一个经理职位。她的问题也就开始了。她发现自己的每个想法、建议和产品计划都遭到了一个家伙的反对。这个家伙名叫丹尼斯（Dennis），她给他起了个绰号叫“讨厌鬼”！好像自这家银行系统成立以来，丹尼斯就在这儿工作。他是银行创始人的私交。他见多识广，阅历丰富。银行的大厅庄严肃穆，他知道每个曾经走过大厅的伟人。彭妮一说话，丹尼斯就反驳：“他们15年前就试过了，那是个痛苦的失败，付出了惨重的代价。没必要在失败的想法上浪费资源！”

英勇无畏——这个词恰当地描述了彭妮解决问题的办法——她开始寻找机会来疏通关系。机会确实出现了，丹尼斯在会上提交了一份计划。丹尼斯使用了大量的传单和图表，建议开发一种产品帮助银行在一个苦苦挣扎的行业里度过危险时刻，趋利避害。这真是个绝妙的建议。

会议结束时，彭妮在门厅里靠近丹尼斯，为自己要一份建议的副本。彭妮告诉丹尼斯她崇拜他的工作，希望继续研究这个建议。就像收割庄家的农民一样，彭妮拿着那份建议和一个标准拍纸簿（legalpad）沉下心研究起来。几天之内，她耐心地从建议稿里搜集了尽可能多的知识、智慧和经验。以这份建议为跳板，她进行了深入的挖掘，从银行的历史里寻找想法的起源，研究参考文件，并进行其他研究。做完之后，她抄下自己的笔记，夹在建议稿的顶端，并亲自把这一大堆东西交给了丹尼斯。

“难以置信！”彭妮告诉他。“引人注目，令人振奋，全面彻底，无可挑剔。”她接着说。“我确实相信我从你的这份精心准备的建议书里学到了许多知识。我以前在这家银行里从来没学到这么多东西。谢谢你。”彭妮说。从这一天起，他们的关系改善了。无论彭妮想要什么，丹尼斯都会满足她。

让万事通知道你认可专家并且愿意向专家学习，你就不怎么是个威胁了。这样，万事通会花更多的时间指导你而不是阻挠你。你从“被剥夺权利的”群体走向“基本认为可以被倾听的”群体是完全可能的。所以，你的想法和信息会更多地被倾听，你也会付出更少的努力，他们的抵抗也更少。当你的好主意成功时，你会以你的智慧给万事通留下印象，并赢得尊敬。

经典战例：击败难相处的人

“年轻的波斯韦尔博士案例和万事通慢性病”

“实验室化验表明白细胞数量上升，而且我们看到了常见的贫血症。肝功化验结果不正常，包括血清胆红素、血清谷草转氨酶、血清谷丙转氨酶、血清碱性磷酸盐。从理论上说：治疗并不复杂，但通常也是艰难的。停止饮水。用一个有营养的特种饮食或者一些皮质类固醇来控制肝炎。还有问题吗？”

年轻的波斯韦尔博士举起手。莱维特从镜片上方费力地看过来，点了点头。波斯韦尔站了起来，清了清嗓子，开始说：

“莱维特博士，如果我正确地理解了你，周围神经病、舌炎和轻微的肝肿大都是酒精肝硬化发病的典型迹象？”（有礼貌地回溯）

“是的。”莱维特咕哝着点头认可。

“实验室化验表明白细胞数量上升，肝功化验结果不正常，而且我们看到了常见的贫血症？”（有礼貌地回溯）

“是的。”

“先生，你说的有营养的特种饮食……我认为默克（Merck）手册推荐的是70克蛋白质，默克手册认为病人可以承受70克的蛋白质，对吧，先生？”（对手头的工作心知肚明）

莱维特把眉毛向上轻轻地抬了抬，迅速扫视了一下房间里其他的学生，说：“很好，波斯韦尔。你完成了你的家庭作业。”

波斯韦尔又清了清嗓子，继续说：“谢谢你，先生。这可能有点兜圈子了，先生。但是我正在阅读《美国临床营养学杂志》（*American Journal of Clinical Nutrition*），上面有一些关于氨基酸左旋肉碱及其对肝功疗效的研究。现在，我知道你对‘保健品’的感觉了（与疑惑调和）。你不想让我们的病人受到不当的治疗。我当然还记得你给我们讲过的故事，你把一个病人看作是实习医师。……这个病人不想相信大夫，自己给自己治疗，结果死了。这件事情总是萦绕在你的心头，你觉得自己原本可能采取更多的措施（与疑惑调和）。”

“但是，先生，我在考虑病人的配合（与愿望调和）。如果病人不配合，什么治疗都无济于事。这个病人询问我们营养学的信息。喔，根据《美国临床营养学杂志》上的文章，每次500毫克左旋肉碱，每天两次可以提高肝功。就算没有其他功效，它也能改善我们与病人的关系，让病人配合我们的治疗（与愿望调和）。我在想，如果我们给病人开左旋肉碱，你有什么意见？”（注意：波斯韦尔以问题结束了讲话，把控制权交给了莱维特）

莱维特博士考虑了一会儿自己听到的话。突然，这个老人说：“很好，我猜想它没有害处，甚至还有所帮助。继续。你负责这事，波斯韦尔。密切关注病人情况，回来向我们报告。谁负责下一个病人。”

波斯韦尔回溯莱维特博士的议论，以示对莱维特博士的尊重和关注。波斯韦尔拐弯抹角地提出了自己的想法。他把自己的想法与莱维特对保健品的疑惑相结合，以防止可能的反对。他把病人的配合和恰当的治疗结合起来，把他的想法与莱维特的愿望相调和。他以一个人称代词“我们”的假设性问句实现了变向，也就没有表现出挑战莱维特权威的意思。

长期变化也值得评论一下。你看到了，如果你引起了万事通的注意，万事通会对别人的知识表示尊重。当波斯韦尔的营养疗法成功时，莱维特博士开始尊重波斯韦尔博士。年轻的波斯韦尔博士即将结束在医院的实习期。在临床会议上，莱维特不由自主地转向波斯韦尔，问：“年轻的波斯韦尔博士，告诉同学们营养世界里怎么治疗这类病人。”波斯韦尔告诉我们莱维特对其他任何人的态度都没有改变。但是，据谣传，有人听到莱维特博士在员工休息室吹牛："那个年轻的万事通正在崭露头角……他让我想起自己在医学院的日子！"

"木匠的故事"

当我们还是见习医师的时候，我们见到了一个叫马克斯的木匠，他的主要疾病是胃溃疡。我们帮不上忙，但是详细查问了他心烦意乱的原因。我们还不禁注意到他的姿势和神态。他行动谨慎，举止优雅，无懈可击。他始终似乎都能完全控制自己。我们了解到：他热衷于武术，而且从很小的时候，他就开始练武，以强身健体。

他的故事呈现在了我们面前，我们获悉他以做木匠谋生。他在一个木器商店工作，老板是个日本老绅士望月（Mochizuki）。在练武方面，望月在更高的层次上训练马克斯。马克斯尊重师傅的要求，接受了这份工作。

望月的儿子石田（Ishida）也在那家商店工作。当望月不在旁边的时候，石田会密切注意着马克斯，挑剔马克斯的工作。石田的评论有时是令人信服的，其他时候则反之，但多半确实只是个喜好问题。马克斯为此深感烦恼，但马克斯对此什么也没说、什么也没做。他不想因为抱怨师傅的儿子而冒犯师傅。

马克斯只是用从武术中学到的自律来压制自己的想法和感情（尤其是把石田当做练功的人偶这个想法）。当我们交谈的时候，马克斯揉了揉胃。这是个不自觉的办法，强迫自己去对付工作环境的不适。我们问马克斯，除了压制想法和感情以外，他有没有其他办法应付这种情况。马克斯说，他可以离开，但是他不想那么做，因为当望月在场的时候，他学到了很多。另一个想法就是像往常那样接着干。一这么想，他的胃竟然疼起来了。他的第三个选择让我们吃了一惊。马克斯突然设想自己让石田充当专家。他想象自己把工具递给石田，说："给我演示一下。"他因此有点喜上眉梢。

实际上，马克斯最后就是这么做的。每当石田走近的时候，马克斯就把当前的局势化解成学习的机会，运用智谋规避一度不可避免的挑别："我想学习。给我演示一下你怎么做（把他们变成导师）。"石田没预料到这个新情况，一开始吃了一惊。很快，他被这个姿态所感动，不再对马克斯那么严厉。虽然他们从没有成为朋友，但是关系确实变得友好了。马克斯确实学到了一些有价值的技术，石田认可了马克斯产品的工艺。最好的结果就是，马克斯的胃病完全好了。

小结

当有人变成了万事通，

你的目标：开发其头脑，让他或她接受新的想法。

行动计划：

1.做好准备，对手头的工作心知肚明。

2.有礼貌地回溯。

3.与疑惑与愿望调和。

4.曲折迂回地提出观点。

5.把万事通变成导师。

12

三脚猫

托尼（Tony）是个“喜欢热闹，爱开玩笑的家伙”。即使别人都不笑，他也会因为自己的玩笑发笑。无论哪里有聚会，托尼都能找到地方，别管他是否受到了邀请。无论何时有人获奖，托尼总会出现，宣称获奖是他的想法或建议的功劳。

据托尼自己说，他成竹在胸，消息灵通，你要做的全部工作就是提问。但实际上，不等别人问，托尼就迫不及待地说开了。他主动出击，横加干涉，让身边的每一个人发疯，尤其是萨莉。对萨莉来说，托尼盛气凌人，让她无法忍受。她鄙视他的谎言，拒绝他愚蠢的意见。一次又一次，她设法通过归纳、曲解和删除来与他对抗。不幸的是，托尼的防御工事也建了起来，他会站稳脚跟，竭力为自己辩护。最令人沮丧的是，其他的人懵懵懂懂，会相信他。每次对抗之后，萨莉都会暗想：“他的问题是什么？他为什么要那样做？”

和其他的三脚猫一样，托尼的行为举止生硬粗暴，因为他想赢得赞赏。只要他觉得受到了任何形式的轻视，他都可能加压赌注，比以前更加卖力地去吸引别人一些注意的目光。三脚猫对自己的行为有信心，即使不受欢迎也会横插一杠，加入别人的谈话。他们有着强烈的人类焦点，因为人类是注意力和赞赏的源泉，而他们渴望得到的正是注意力和赞赏。

三脚猫的确拥有至少一个能力：他们知道怎么就一个主题学习足够的知识，让自己听起来头头是道。他们也有一个非常坏的习惯。他们夸大其词，哗众取宠。你认为他们知道自己的话似是而非，但他们却顺理成章地认为自己不是骗子。他们深信自己所说的话，哪怕那些话对他们自己来说也是第一次听到。他们越解释，就越重复自己的话。每次他们所说的话都从嘴里出来，又传回耳朵里，并相信别人也同意他们的意见。这样，他们就能迅速达成一致意见，即使只是他们头脑之中想象的一致。

起初，这些歪理邪说让人听起来忍俊不禁，甚至开怀大笑。在危机和变革时期，最好的结果就是这些歪理邪说让人心烦意乱，最坏的结果就是带来危险。过了一会儿，大家不听了。绝望之中，三脚猫会更加卖力地吸引别人的关注，导致更严重的孤立和异议。很快，三脚猫就不能从任何人那里得到一点东西：没有关注，没有尊敬，也没有鼓励。实际上，人们竟然开始说："别鼓励他们！"最终结果是，甚至他们的得意之作和奇思妙想也常常被搁置一边，无人理会。不幸的是，这让他们更加需要关注，所以三脚猫行为愈演愈烈。

你最好调整你的态度

有些人夸夸其谈，甚至信口雌黄，谎话连篇；有些人散布歪理邪说，道听途说；如果你忍受不了，你最喜欢做的可能就是戳破此辈的肥皂泡，揭批他们的本质。但是，注意了：当你咄咄逼人地挑战或者对抗他们时，他们唯一的办法就是发起反击：摆事实，讲道理，声色俱厉。那些根本就一无所知的人会被他说服，改变看法。这会导致灾难性的后果，他们会让人迷失方向，误入歧途。

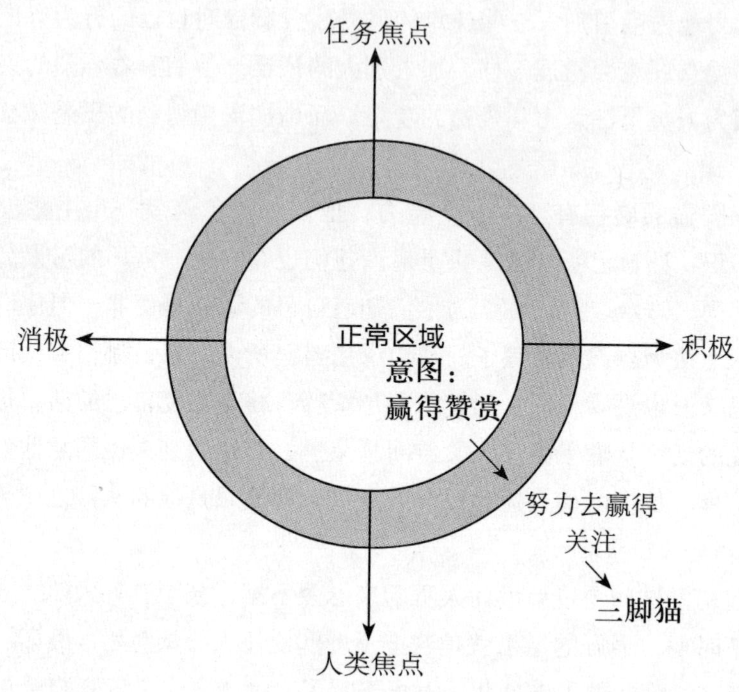

不要急于作出判断，以一种超脱的态度看待这种行为。你是否曾经为一个想法辩护，而你并没有经过周密的思考，而且自己也不一定相信这个想法？或许你在哪里读到了什么东西，相信它的真实性，你就像知情人那样把它提出来，但却发现自己面对着一个知识更加渊博的人，你只是想保住脸面？你有没有发现自己在为说过的话辩护，而这些话说过后你就后悔了，或者这些话有点言过其实？如果你表现得好像知道自己在说什么，但是实际上却是懵懵懂懂，一头雾水，那么，你也成为了三脚猫。

所以，无论他们把事实拉伸了多远，你也要顶住诱惑，不要把事实拉向另外的方向。如果你把事实拉向另外的方向，你就会失去信誉，你怎么看三脚猫，别人也就会怎么看你。你必须遏止住冲动，不要让他难堪，相反，把他们的打扰看做是轻描淡写的小麻烦，当做是你前进道路上所要清除的障碍。实际上，我们建议采用超脱的态度。想象："从现在起百年之后，他能有什么影响。”

丢面子，表现得像个傻瓜，或者被贴上说谎大王的标签，这都是很多人担心的情况。当你正在成长，你的父母可能把你跟别的孩子比较，有时让人心情不顺畅。某一年，在校园里的团队游戏中，你成为了最后一个人选，让你感到屈辱。我们建议你把受到惊吓和缺乏安全感的孩子看成三脚猫，对这个孩子给予一些同情，他或她只是想拼命赢得关注。同情这一态度可以帮助你提升能力，有效地对付他们。三脚猫生活艰难，因为他们认为自己不得不端住架子，隐藏时刻萦绕心头的不安全感。同情帮助，你给予他们保住脸面的方法，而不是施加惩罚，羞辱他们。

你会需要的另一个资源是耐心。有时，三脚猫信口开河，让听众神魂颠倒，如痴如醉。在转向新的方向之前，你可能不得不等待合适的时机。时机的把握是重要的，把握好时机需要耐心。

你的目标：驱逐他们的拙劣想法

你的目标是抓他们的现行，并当众驱逐他们的拙劣想法，就像在杂耍（Vaudeville）演出日把拙劣的节目赶下台一样。只有在这种情况下，你才会驱逐他们的拙劣想法，同时又不让三脚猫采取防御姿态。

行动计划

第一步，给他们一点关注。有两种方法可以给予三脚猫最低程度的关注：

■ 热情洋溢地回溯他们的评论。热情之于三脚猫，就像聚光灯之于专业演员。热情地回溯这些问题人类的评论，明白无误地向三脚猫表明你在关注他们，同时还让他们自食其果，听听自己有多愚蠢。

■ 承认积极意图，不要浪费时间纠缠于他们所说的内容。比如：你在开会，三脚猫开始提出可笑的建议，提供无用或者过时的信息。要承认他们的积极意图，你可以说：“你想为这次讨论献计献策，我表示感谢。”

注意：你无需赞同他们交流的内容。你承认的是他们的积极意图，是你插入他们话语之中的积极意图。三脚猫就此诚实坦白的机率很小，比如：“当然不是，那根本不是我想做的。我是一个高谈阔论的吹牛大王，就想让人注意我。”

实际上，这个插入的积极意图足以终结消极影响，因为你给他（或她）的恰是他（或她）想要的：关注。满足了这个意图，他（或她）也许就能抽身后退，让别人在讨论的中心待上一会儿。

第二步，澄清细节。如果你确信他们不知自己所云，而你确信自己在说些什么，那么，事情就容易了。问他们一些涉及内情的问题澄清细节。既然三脚猫喜欢说高度概括的话，你就可以质疑他们使用的笼统的话，比如“具体有谁”质疑“人人”，“具体什么时候”质疑“总是”，“具体怎样意义重大”质疑“意义重大”。

警告：要非常小心你的肢体语言和面部表情。问三脚猫澄清型问题会把他们逼进墙脚。如果确实没有什么内容可以给他们起个话头，他们也许就不能提供细节。退到墙脚的三脚猫会修筑工事，加强防范。所以当你问问题的时候，要表现得无辜或者好奇，抑制住诱惑，不要让他或她的颜面荡然无存。要记住，羞辱从来不是一个有效的长期战略。

第三步，实话实说。现在是个好机会，让谈话转向，重回现实。你可以从你的角度实话实说，而且，如果你记得使用“我”语言，你就可以最大限度地使你的言辞不那么咄咄逼人。阐述事实时先说：“我听说的是”、“我读过的是”、“我看到了”等等。要在你的口语里增加无可辩驳的事实，你可以用文件证明你的信息，并在说话的时候展示给他们。甚至是三脚猫也知道无法挑战书面的事实，并且也不会作此尝试。引用期刊、文章等等正是时候。

第四步，给他们一个机会。此时，是三脚猫以诚相待的时刻。显然，你知道自己在说什么，你也知道他们不知自己所云。抑制住让他们难堪的诱惑。相反，给他们一个出路，还要尽量减少他们采取防御姿态的可能性，比如，如果你刚提到了一篇文章或者向他们展示了一份证明文件，你可以说：“但是，或许你还没读过这篇文章？”

此时此刻，另一个可以发挥极大作用的伟大逃生工具，是逻辑垃圾（Junk O’Logic）里的古老广告原则。拿来三脚猫的想法，用你的信息把它们钩在一起，你要表现得它们好像有某种联系。这会使三脚猫感到困惑，使得他们找来找去，自此不归。或者至少也可以让他们疲于奔命，以便让会议回到正轨。这里是一个例子：

“谢谢你。你提出那个情况，我感到高兴！它真是太能突出重点了。”然后转换话题，重新回到事实之中。这可以使三脚猫感到困惑。

使用垃圾逻辑把他们引开还有另一个方法，就是表现出他们的曲解好像让你想到了事实，并对他们的努力表示感谢：

“感谢你提出那个问题。你真的唤起了我对那些文章的记忆。”

三脚猫不想拒绝接受任何对自己的赞赏。当他们停下来欣赏赞赏时，你请接着前进。

所有这些的关键就是要意识到三脚猫不像万事通那样固执己见。如果你给予他们一个与你融洽相处的方式，他们可能就会跳上你的宣传车。这一战略也有长期的影响。如果他们总是看到你知道自己在说什么，他们就不太可能当着别人的面挑战你。实际上，他们可能会努力成为你的好友，因为如果不能成为胜利者，成为胜利者的伙伴也是个不错的选择。在这里，下一步就派上了用场。

第五步，打破循环。这是着眼于长期行动的一步，目的是认出三脚猫行为引发的消极循环，然后与三脚猫合作打破这个循环。一旦人们认为三脚猫愚蠢烦人、一无所知，三脚猫就会更加努力。然后，甚至他们的得意之作和奇思妙想也常常被不假思索地搁置一边，成为无人理会的偶发事件。因此，三脚猫也就没有得到应得的关注。不幸的是，这也会导致负面行为的增加。

逻辑垃圾是一个发现于20世纪50年代的广告原则，内容是：你可以给一个人任何两个不相关的想法，表现得就像它们有关系一样，那个人就会从中建立起联系。这个原则广泛应用于啤酒广告和许多其他产品。打开一本杂志，看看广告，你就有可能看到一个和产品无关的图像。

你有两个方法，可以打破这个正在升级的循环：

■ 用温和的对抗告诉他们真相：他们的负面行为所引发的后果。

■ 积极寻找并关注这个刺头的正确之处，该表扬的就给予表扬。

对一些人来说，他们所有的需要仅限于此，他们的行为也因此平静了下来。对其他人也可以起到教育作用，让他们懂得如何恰当地得到赏识，也许还能堵住愚蠢行为的洪流，把这股潮流变成更有成效的航道。

经典战例：击败难相处的人

“几乎价值百万美元的大败”

会议即将召开，萨莉又喜又怕，会议上将为公司选定新的计算机设备。她喜是因为自己花了大量的时间进行研究，确信购买梨子电脑（Pear Computer）的阳梨（Bartlett）是有价值的。她怕的是，这次会议托尼也会参加，而且她知道自己一不小心他就会搅局。

她开始发言，形势好像发展顺利，让她难以置信。但是，就在她燃起希望的时候，托尼插嘴了。

“阳梨？我们是在这里讨论水果、蔬菜，还是什么?！哈哈！大家听着，做这个决定不费吹灰之力！你正在看着一个真正的电脑专家。我使用个人电脑的时间到目前已经……啊……噢，大约有20年了。是的，只有一条出路，那就是IBM！全世界都在使用IBM，因此可以证明IBM棒极了！不仅如此，有的事情你可能还不知道！在计算机领域，有两种磁盘……大的五英寸，小的则微不足道。阳梨只使用微不足道的小磁盘，但是我们公司有着大量的信息。我们需要大的磁盘，以便存储所有的信息。不管怎么说：如果你想要下载所输入的信息，就得用像IBM这样计算功能强大的电脑，也就是说：如果你想处理大量事务的话。这是唯一的出路。人人都知道。”

萨莉定了定神。为了这一刻，她已经在心里进行了演习。现在，时候到了。

“托尼，”她说，“谢谢你，你想为我们挑选合适的设备。”（承认积极意图）“处理大量事务当然就是前进方向！”（热情洋溢地回溯）然后她坦率地问：“比方说，你是不是碰巧能想起来，你往微不足道的小磁盘上存储了多少千字节，以便跟大磁盘做个对比？”（回溯，然后澄清细节）

“区别，嗯，是明显的。”三脚猫努力回避这个问题。她不做纠缠，提出了另一个问题。

“你知道阳梨和IBM之间的文件传输能力吗？”（澄清细节）托尼还是给不出好的答案。确切地说，托尼的答案乱七八糟，没人知道他到底说了些什么，听起来好像是“每微秒一千万兆传输（megatransfer）”，他的声音渐渐弱了下来。

让托尼心平气和之后，萨莉回过来接着再提供文件证据：“喔，在最近一期的《梨子用户手册》（Pear User）和《字节》（Byte）杂志上，我发现了一篇文章，这篇文章是关于如何利用阳梨轻易地传输文件。我回忆一下（使用“我”语言，以便尽量减少三脚猫的防范）我在文章里读到的，那些较小的3.5英寸磁盘可以存储多达1400K，比大磁盘的360K多得多。我在另一篇文章里读到（提供文件证据），根据一个独立研究公司的测试，与其他任何设备相比，电脑盲只需花十分之一的时间就可以达到高水平，熟练地使用阳梨。但或许你还没找到机会阅读这些文章（给他们一个机会）。”

他响亮地回答：“喔，没有，但我打算去读。那个阳梨听起来就是前进方向。”

“我同意你的看法。”萨莉笑着说。

小结

当有人变成了三脚猫，

你的目标：驱逐他们的拙劣想法。

行动计划：

1.给此人一点关注。

2.澄清细节。

3.实话实说。

4.给此人一个机会。

5.打破循环。

13
手榴弹

马克（Mark）和玛吉（Margie）度过了6年幸福的婚姻时光。问题是他们15年前就结婚了。头6年婚姻幸福。但6年之后，他们一待在一起就注定会受伤害。然而，在内心深处，两个人都知道情况有好转的可能。所以，他们固执地待在一起，希望也祈祷着奇迹的出现。

他们的情况也落了俗套：她大发脾气，他撤退。她脾气发得越大，他撤退得越远。他撤退得越远，她脾气发得越大。他们都觉得成为对方行为的受害者。

工作之后，马克疲倦地回到家。他想要的只是一点安静与平和，一个机会，可以翘起脚，休息一下，无拘无束。但是，他一走进门，玛吉就打击他，唠叨一天里林林总总的麻烦和苦难，并要求马克充当听众。

“亲爱的，放松。为这些鸡毛蒜皮的小事给自己施加这么大的压力有什么好处？小题大做了！”马克坦率地说。

“小题大做？太棒了！真是太棒了！你觉得我整天在这里辛辛苦苦，就是等你回家侮辱我吗?！没人关心我的感受！我倒不如……呔！”玛吉爆炸了！

“她为什么一定要那样做？”马克心想，“我做了什么，要受到这样的待遇？”

如果一个人努力去赢得赞赏，但却遭受了挫折，此人就可能变成手榴弹。当意图没有得到满足时，他们的行为就迅速而又不可避免地变成寻求关注的要求。因为觉得自己无足轻重，所以，大发脾气，或者情绪失控，成为他们防守战略里的最后一招。如果经年累月，听之任之，这一招就会成为他们的第一道防线。

一些人觉得自己不受重视，在大发脾气之前，他们可能压抑自己的感情达10年之久。对其他人来说则是家常便饭。一些人对着陌生人大发脾气，另一些人的发泄对象则是自己爱的人。但是每个人迟早都会发脾气。几乎任何事情都可以拉下手榴弹的保险钉，引爆这颗随时会爆炸的手榴弹。事情可以是说话口气、面部表情、说或未说的内容，或者局势本身的某个方面。如果你等待时间太长，处理不了问题，那就为时已晚了。在那个时候，你说或做的任何事情都只会让局势恶化。爆炸后仅仅几秒钟的时间，就会发生连锁反应。

作为一个成年人，如果你曾经在他人面前失控，我们确信你也赞成：发脾气和难以自控是个耻辱。在发脾气之时、之后，以及任何担心自己会再发脾气的时候，手榴弹都会因为自己的行为而恨自己。这个无尽的自我憎恨的循环是导致爆炸的定时装置。一旦意识到自己的所作所为，手榴弹经常会离开爆炸现场，希望时间可以疗伤，希望目击者会忘掉曾经发生的事情。不幸的是，从来就没有人会忘掉这件发生过的事情。这就是为什么当烟消云散，尘埃落定，手榴弹归来之后，新一轮的循环就立即开始，积累酝酿，积聚能量，最终达到爆炸所需的临界质量。显然，这是一个变化无常的循环，可以使自身永久存在，直到肾上腺素的供应完全枯竭。这种情况下，一盎司预防等于一磅治疗。这种事情本可不必大为恶化，也可不必发生得如此频繁。一听到远处的雷声，你就得着手处理。

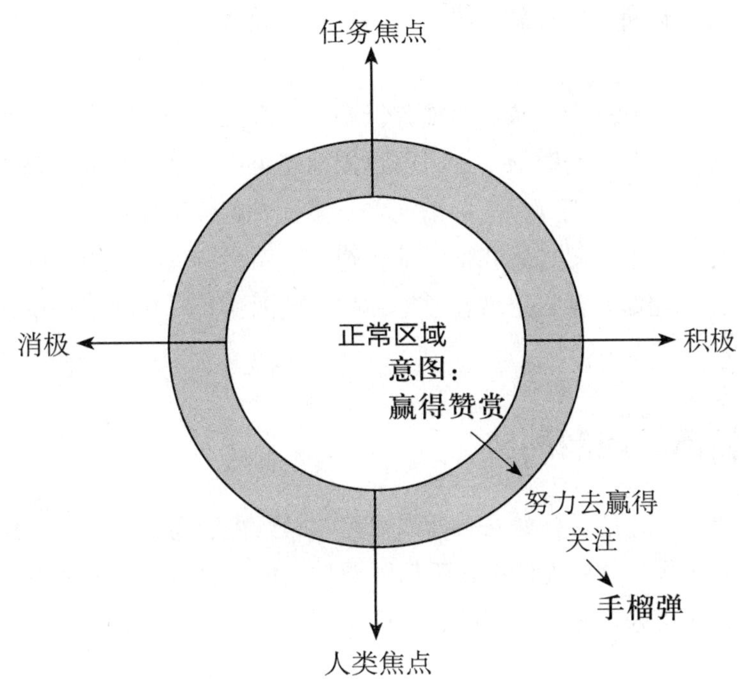

你最好调整你的态度

对于爆炸的人，两个最普通的反应是：（1）在手榴弹大发脾气的时候，你也大发脾气；（2）安静地撤退，从一个安全的距离仇恨手榴弹。两个反应都是基于厌恶，有时还有恐惧。仇恨一个也在恨自己的人就像是火上浇油，而此时需要的却是一些冷静的思考和灵活的行动。不要告诉自己："我不需要这个。我不该受这样的待遇。"你可以帮自己一个忙，原谅暂时失去理智的手榴弹。别忘了，不能原谅，就要去承受。要打破循环，你必须停止责备他们。其实，他们也在这样指责自己。

对于几乎无法原谅的人和事，如何原谅？你就不断地吸气。随着每一次呼气，释放出一些痛苦的反应。如果你看见了红色，火冒三丈，那么就让红色变成轻松舒缓的蓝色或者绿色。或者你可以试着写一封愤怒的信，发泄你所有的失意和失望。注意：不要寄出这封信——写完之后烧了它。

然后，学着换个方式看手榴弹。在讨论会上，一个女人告诉我们：当她的老板发脾气的时候，她只不过把他想象成一个两岁大的孩子，穿着尿裤，耍孩子脾气（跟实际情况差不多），她再采取相应的措施。讨论会上另一个参与者告诉我们：他创造了一个滑稽联想，用来减弱手榴弹的行为，比如想象自己就在手榴弹爆炸的时候把一块奶油饼糊在手榴弹上。

你的目标：控制局势

实质上，你的目标是在手榴弹失控的时候控制局势。虽然一旦保险钉被拉了下来，你就无法阻止手榴弹爆炸，但是在合适的环境中，手榴弹会自己停下来。你可以创造这种环境。

行动计划

第一步，赢得他们的关注。当人们克制不住自己时，要想赢得他们的关注，就要喊他们的名字，提高你的音量使你的声音在爆炸声中也能被听到，还要在自己面前缓慢地来回挥舞手臂（在电话上也完全一样）。如果你不知道他们的名字，就称呼他们的性别，直到声音大到他们可以听到的地步。这一次，你也许不得不压过刺头的声音。你不想被理解为咄咄逼人，所以要确保你的口气和语言是友好的。喊他们的时候，来回挥舞手臂以引起他们的关注。

第二步，瞄准心脏。对于问题人类要投其所好，说他们需要听到的内容，表现出你真正的关心。仔细听，你就可以确定爆炸的原因，然后一再向他们表示你的关心，并加以回溯。头几句失望的叙述引起了爆炸，这些叙述跟现状总是有些关系。然后，他们迅速偏离轨道，进行笼统的归纳，扯些与现状无关的话。

以乔为例：

“没人关心我在这上面花了多少时间！没人关心我的感受！现在的世界就这个鬼样子！漠不关心。政府也是这个样子！环境被破坏了！犯罪！就像我的父亲那个……”

在这种情况下，你可以回答：“乔，乔，我们关心。我们关心你在这上面花了多少时间。”

无需讨论世界问题、政府、环境或者乔的父亲。说一说他的头几句胡言乱语就够了。

你确实还有另外一个选择。你可以使用一般的手榴弹——打扰陈述。你可以说：

“我不想让你那么想！没人必须那么想。这里有误解！乔！乔！你不必这样想。”

此举会奏效，因为跟你一样，手榴弹也不喜欢那么想。

“乔，乔，我们关心。我们关心你在这上面花了多少时间，乔。你不必这样想。这里有误解！”

在私人关系方面，你有另外一个选择。你瞄准对方内心的自我仇恨，说：

“我爱你，我在乎你。你能一吐为快是件好事。说出来。显然，你这儿遇到了点麻烦，我们会处理它。”

不可否认，这些话说起来简单，做起来就难了。可能你最不愿意告诉手榴弹的就是：“你能一吐为快是件好事。”但手榴弹通常神志不清，所以甚至是空话也比一言不发好。当你击中心脏的时候，你会感到吃惊：手榴弹迅速平静了下来。

第三步，降低强度。如果你的目的是真实的，手榴弹就会努力停止发火，迅速眨巴眼睛，意识到心脏受到的冲击。这是一个好兆头，表明你击中了目标，意味着刺头在恢复理性之前正在进行系统检测寻找受损的部位。当你看到这种回应时，你可以开始降低音量，降低强度。你可以降低自己交流的强度，居高临下，循循善诱，让他从爆炸的顶峰回到正常水平的交流。

第四步，休息一下，酝酿良好的行为。当刺头的肾上腺素还在血液中奔腾流动时，设法理性地讨论爆炸原因就毫无作用。所以，现在应该抽出时间让局面进一步缓和下来。无论休息时间是十分钟、一个小时、一天，还是一个星期，在发过脾气之后，都需要休息一下，休息一下对下一步的工作也富有意义。

“乔，这事就别管了，休息一下。然后我们可以一起回去，解决所有问题。”

第五步，预防手榴弹。第五个行动步骤处理长期关系，因而是最重要的一步。找到保险钉，别拉！如果你能搞清是什么拉下了手榴弹的保险钉，你就可以采取行动避免保险钉再被拉下来。方法并不复杂，你可以开门见山问手榴弹大发雷霆的原因。前提是你腻烦了与此人的关系，所以你才会问，而且，提问最好是在和平时期。一个好的启动方法就是清楚地阐述你的意图。“我想减少与你的冲突。”然后询问什么使他或她如此愤怒以致出现了“上次”的情况。使用澄清型问题，让对方就事论事，回答特定的问题。一个有用的问题是：“你怎么知道什么时候发怒？”比如，如果手榴弹说：“因为没人听我说话，所以我大发雷霆。”不要设法说服手榴弹改弦更张。你可能知道人们确实在倾听。但是，基于手榴弹的说法，人们在倾听这个信号，但显然没有收到。用友好的口气问他或她：

“你怎么知道人们是否在听？”

回答可能是：“听的人不是光在那儿干坐着，他们会作出回应！”

你当然想问：“当他们倾听的时候，他们会给你什么回应？”不要把任何事情当成理所当然的。具体点。你甚至可以具体问问下次局势失控的时候你怎样才能救场。

劳拉（Laura）的老板经常大发脾气。在大多数时间里，老板暴跳如雷跟劳拉无关。一年来，她感觉糟糕，因为她不知道做什么才能帮助他。她说或做的每一件事好像都在火上浇油，让爆炸更加剧烈。一天，她直接开门见山地问他："在你发脾气的那些时候，我怎样才能安慰你？"

他漫不经心地说："只需要走开，别管我，做你需要做的任何事情。"

她难以置信！一年来，她劳心费神，不遗余力地去帮他。而他想要的唯一的帮助就是让他自己待着。事实证明交流有多么重要！

你可能会发现你不是拉下保险钉的人。如果拉下保险钉的人是办公室的其他人，那么，一个解决办法就是训练团队建设、人际交往和冲突解决。拉下保险钉的人甚至会在家里，而爆炸发生在办公室。在这种情况下，一个可能会被证明有用的办法就是帮助刺头意识到区别并且意识到无法理解这种区别的后果。

无论爆炸出于什么原因，如果你愿意每天花点时间积极倾听手榴弹面临的问题，在谈话时积极安慰手榴弹而不是大发脾气，那么，你肯定会慢慢地收到正面影响，减少负面行为的频率和烈度。至少，你会成为为数不多的能人中的一员。在这些能人的周围，手榴弹从来不会爆炸。

经典战例：击败难相处的人

"手榴弹对坦克"

切特（Chet）和戴夫（Dave）是生意伙伴，经营芝加哥的一家创意公司。他们公司的血液就是新想法。然而，他们的工作会议就像战区，切特是手榴弹，戴夫是坦克。有一次，在风平浪静的时候，坦克戴夫问手榴弹切特与自己共事最大的困扰是什么。切特回答说戴夫好像不肯接受新想法。这真的惹恼了坦克戴夫，戴夫觉得自己非常开明，勇于接受新想法。但值得称道的是，戴夫喘了口气，抑制住了争吵的冲动，问道："你怎么知道我不肯接受新想法？"手榴弹切特解释说无论何时他提出一个新想法，戴夫只会吹毛求疵。手榴弹切特觉得坦克戴夫没有慧眼识珠。

突然，戴夫的脑袋里亮起了一盏灯泡。他意识到切特处于赢得赞赏模式，也意识到自己处于完成任务模式。他回想过去，重温几次冲突案例。电光火石之间一切豁然开朗，戴夫意识到：当切特提出一个想法时，自己的思想奔向了未来，检验这个想法是否可行，然后回来说这个想法好像有漏洞。他的意图不是贬低这个想法，而是清除障碍让想法付诸实施。

戴夫越喜欢一个想法，就越迅速地去调查这个想法内在的问题。在完成任务模式中，戴夫没有给予切特应得的简单的认可。现在，戴夫明白此举无异于拉下切特的保险钉！对于处在完成任务模式中的人，没有什么比失控的手榴弹更可鄙。所以，戴夫会设法用坦克行为控制切特，这就是他们的工作会议迅速变成战场的原因。

一旦戴夫知道了症结所在，他就找到了一个解决办法。无论什么时候切特提出一个想法，戴夫就学着特意让自己平静下来。他会说："谢谢你，切特。这是个绝妙的主意。"他学会了等待，先表达赞美之情，然后才接着说："让我们看看下一步怎么办才能让这个想法付诸实施。我们需要跨越什么障碍吗？"

他先是与切特渴望得到赞赏的愿望调和，然后清楚地传达自己的意图：处理障碍，让想法付诸实施。

使用自己的完成任务技巧，戴夫提出了这个方案，付诸实施，你瞧，起作用了！只需要一点变化就能解决他们之间的大多数冲突。

"正面评价的力量"

马克和玛吉最终决定寻求治疗，希望保住他们的婚姻，他们约见了一位关系顾问。

会见一开始，玛吉就愤怒地作出了归纳：“他不爱我。当有问题需要处理时，是我自己在处理。”不幸的是，这一想法会使她大怒，变本加厉，暴跳如雷。

马克回答：“她歇斯底里、情绪失控！”

好像战役就要在医生的办公室爆发，但是医生插话了：“玛吉、马克，停止！你们两个人的担心都合情合理，应该得到解决，我在这里就是要确保解决问题。”

顾问指出马克和玛吉需要改变彼此憎恨的行为。玛吉对关系问题更敏感，关系问题不容忽视。众所周知，如果一对夫妻不积极解决问题，拖延的时间过长，那么问题就会变大，超出问题的实际范畴。最终，这种遭到拖延的问题常常发生过于猛烈的大爆炸。没有爆炸警示标志，马克从来都不知道发生了什么，直到有一天他一觉醒来发现融洽的关系不复存在了。从这个角度看，马克就能看到玛吉大发脾气的好处。

马克之所以选择撤退和缄默，是因为他不想让自己可能说的话对她造成任何伤害。马克深信一旦仇恨的言语说出了口就再也收不回来，因为伤害已经造成。生气的时候，他更喜欢保持安静，用安静的时光来理解自己的感情，直到自己能进行建设性的交流。从这个角度看，玛吉就能看到马克选择撤退和缄默的好处。

当马克和玛吉离开顾问办公室的时候，他们已经改变了很多。最有意义的变化就是他们理解了彼此的行为。当玛吉大发脾气时，马克不再认为“她歇斯底里”，马克可以选择把它看成一个早期的预警信号，让他认识到必须立即解决问题以维持他们的爱情。他采用了新的行为反应，凑近她，说：

“亲爱的，如果你这样想，肯定就是发生了什么大事需要我们去处理。我不想让你这样想。我们谈谈吧。”手榴弹要听的正是这个，玛吉确实因此平静了下来。从长远来看，他的新行为粉碎了她的旧观念，她的旧观念是他不愿意维护两人之间的关系。进一步的爆炸得以避免。

当马克确实撤退的时候，玛吉不再让怒火冲昏头脑：“他不爱我。”相反，她告诉自己：“他真的爱我。他不想用愤怒的言辞伤害我，他可能需要时间好好想想。”这种想法帮助她保持平静，她说：

“你为什么不花些时间考虑一下这个问题，我们今晚会谈谈这个问题。”

她树立起了信心，相信问题不会永远拖延下去，因而，她体验到了更多的满足感和平静。她的平静交流让他停止了撤退，讨论变得更容易，更迅速，更有成果。所以，马克和玛吉从此学会了幸福地生活……喔，不管怎么说，大多数时间里如此。

小结

当有人变成了手榴弹，

你的目标：控制局势。

行动计划：

1.赢得此人的关注。

2.瞄准心脏。

3.降低强度。

4.休息一下，酝酿良好的行为。

5.预防手榴弹。

14
老好人

在全体雇员会议上，区域销售经理路科林（Rooklyn）女士要找一个志愿者与杰米（Jamie）一起工作，整理一份计划书，两周内提交给阿维克斯（Avex）。她扫视整个房间，寻求愿意接手的人。她看见了泰里（Teri）。泰里笨拙地笑着，环视着其他员工，自愿接受了工作。

他们相约共进午餐，制定出细节，但是泰里在最后一分钟打来电话，取消了共进午餐的约定。“听着，”杰米说，“如果有问题的话，我们为什么不在电话上解决呢？”“好呀，如果你想这么做的话！”泰里满口答应。泰里同意从其他部门汇集需要的信息，然后把信息变成文件和幻灯片，而杰米会准备发言。一个星期后，杰米给泰里打电话，“进展如何了？”杰米问道。“噢，好。”泰里回答。“你从会计部门得到信息了吗？”杰米问道。“嗯，是的，喔，我想今天或者明天我会找人谈谈信息的问题。”

发言的那天，杰米做好了心理准备。她为这个场合买了一套新衣服，看起来棒极了。路科林女士甚至和“头儿”来到她的办公桌前祝她好运，并提醒她得到阿维克斯的生意有多么重要。杰米不停地看表，时间好像过得很慢。泰里应该在13点见她。还有10分钟的时间。她感到惊奇，泰里怎么还没来。在13：03，她开始想自己是否该去泰里的办公室看看。

当她来到泰里的办公室时，她发现泰里弓着身子坐在电脑前面一个劲儿地打字。“嘿，泰里，你在干什么？五分钟之前我们就该见面了。不要告诉我最后一分钟要作出改动。”

泰里抬起头来。“噢，杰米。嘿，对不起。我忘记时间了。哦，没有最后的修改，这是我为弗兰克就航运方面所做的一点事。他今天缺个人手，问我能否帮把手。这个东西他要得很急。我们能等一会儿吗？”

“弗兰克，需要运送?! 几分钟？泰里，我们需要出发了，否则就晚了。计划书在哪儿？”

泰里转动椅子，面向办公桌。办公桌上堆的文件至少有一英寸厚，泰里开始在那堆文件里翻来翻去。“噢，这里有一份……啊……还有一份。”她抽出一份又一份文件，有些文件已经破烂不堪。

看着这些文件，杰米的嘴张得老大。“泰里，这些东西看起来还是没成形的草稿。甚至字体都不一致。幻灯片在哪里？”

“唉，杰米，对不起。我还没找到机会做幻灯片，而且玛丽（Marie）的部门正在重组，你知道那有多乱呀。我不忍给他们施加压力。”

杰米瘫坐在泰里的客户座椅里。突然她觉得恶心。他们本该在五分钟之内离开，否则就迟到了；他们没有做好准备，而他们也无能为力了。泰里还在说着什么，但是杰米根本听不进去。她看到的只是路科林女士和“头儿”的面孔。她想：“我现在该怎么办？”

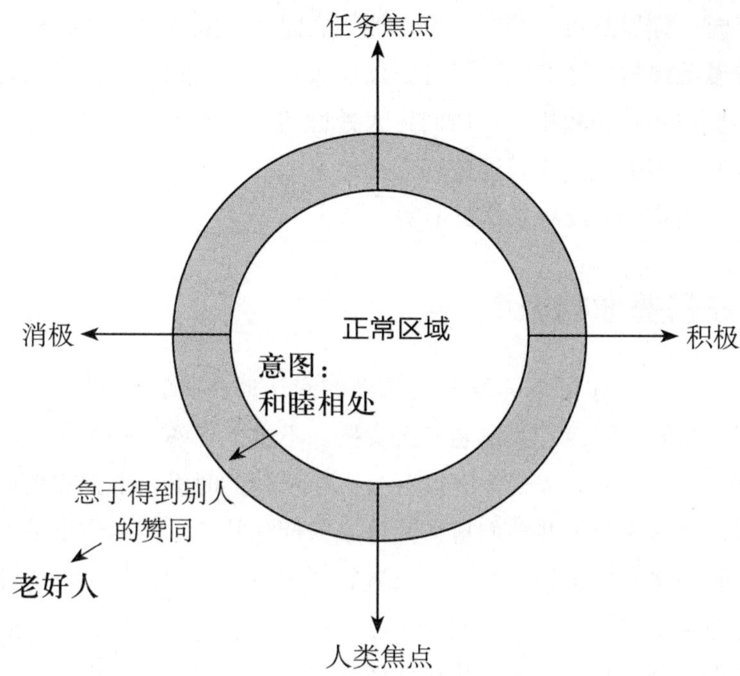

泰里答应整理一份计划书，泰里也知道难以信守这个承诺。她的愿望是与其他员工和睦相处，取悦路科林女士，帮助他人，但是，她并没有考虑到任务在实际上可能牵扯到的因素。和其他的老好人一样，泰里有着强烈的人类焦点，但却有着差劲的任务焦点，这就意味着她疲于奔命，应对乏术，缺乏统筹规划。老好人基于他人的愿望规划自己的生活，因而会轻易作出过多的承诺。有时，他们不知如何将自己答应的事情进行到底，因为在答应接手任务之前，他们没有进行分析。他们往往不会考虑说一套做一套所引发的后果。他们只知道有人有愿望要实现，而自己根本不能说不。老好人希望适应环境并与他人和睦相处，为了取悦他人，他们轻易作出承诺。

因为老好人是好人，所以他们希望万事大吉。当半途而废的时候，他们真切地感到懊恼难过。然而，他们并不觉得半途而废是自己的责任，因为总是有些细节问题超出了他们的控制范围并引起了麻烦。相反，他们找借口、做解释，希望以某种方式弥补自己的爽约行为。

有时，你显然对他们生气了，他们表面上和颜悦色，而心里的敌意却在慢慢地沸腾。老好人不想冒犯任何人。即使是惹他们生气的人，他们也不想得罪。和睦相处是他们为人处世的一个原则，因而即使内心不快，他们也不愿说出来。即使他们被迫道歉并承诺下次有所提高，也无法保证他们有任何履行承诺的打算。

你最好调整你的态度

当老好人给你留下一堆无法兑现的承诺时，你自然而然会觉得自己遭到了暗算，因而打算与老好人对抗。不过，责备老好人并让他们感到耻辱，只会让老好人行为因循下去。在互动的时候，出于和睦相处这一愿望，老好人会说些他们自认为可以安抚你的话，即使作出更多不切实际的承诺也在所不惜。如果对抗激怒了他们，他们也不大可能针锋相对，而会绵里藏针，以柔克刚。底线：一个人食言了，如果你因此让他或她觉得郁闷，你就再也不能让任何人信守承诺。

你可以深入自己心灵的深处，找到那片真正关心他人的地方。以和睦相处为第一要务的人通过某种方式可以认识到你的兴趣是在营造关系之外。对于老好人，你还需要很多的耐心。要认识到老好人只是缺乏组织能力，做事缺乏章法，而又认识不到这一缺点或者无法改正这一缺点。提醒自己你可以帮助老好人提高他或她处理任务的技巧，进而改变未来。通过耐心关切的帮助，假以时日，老好人就可以证明自己是你所期待的最好的伙伴。

你的目标：得到可行的承诺

要保证这种刺头直抒胸臆，实话实说，教给他或她任务管理战略，巩固关系。你的目标就是得到可行的承诺。你会看到，对付和事佬也有类似的目的，和事佬难以做出决定，避免对抗，回避冲突，让人失望。区别是，让老好人作出决定相当容易。挑战是让他们说到做到。老好人需要记住：好是好，但是可靠更好。你对付老好人的目标是得到可行的承诺。

行动计划

第一步，创造直抒胸臆、实话实说的环境。创造安全的交流环境，这样，你们两个人就能真诚地研究现在作出的承诺在将来能否实现。对话要足够轻松舒适，可以平静地讨论他或她的任何愤怒或恐惧，就像两个互相关心体贴的朋友在解决分歧。经过耐心的谈话，就可以一劳永逸，收到长期效果。否则，就得在漫长的时间里进行几次会议。

直抒胸臆的关键是无声的调和和有声的反复保证。

一个星期之后，杰米来拜访泰里。发言取消之后，杰米一直觉得怒火满腔、心绪不宁。杰米花了一个星期的时间才重新变得心平气和。杰米相信必须与泰里解决这个问题。既然两个人在同一个团队里共事，他们就不得不在将来应对彼此。

"泰里，现在谈谈好吗？"

"嗯，是的，我想现在谈谈挺好。"泰里羞涩地回答。

杰米不慌不忙，让每一个单词都能被理解。"泰里，我喜欢你。你待人友好，关心他人。我想我们可以一起好好工作。自从阿维克斯发言取消之后，我觉得我们需要谈谈，否则我们俩都会觉得非常别扭，难以相处。"

这种人类焦点型交流围绕着感情展开。你把老好人当做伙伴或者朋友来接近，并首先谈起关系的未来，那么，你就能增加舒适度并温和地把过去引入对话。

"我确信你确实想要为发言汇集需要的信息（承认积极意图）。我知道一些不期而遇的事情阻碍了你。我的困难是不知道发生了什么。等我知道的时候，已经太晚，帮不上忙了。"

"如果将来我们想拥有可靠的关系，我想我们需要彼此开诚布公。我想让你知道你可以与我坦诚相待。我可以与你坦诚相待吗（创造直抒胸臆、实话实说的环境）？"杰米紧紧地盯着泰里，静静地等待着泰里的回答。

“好的，当然。上个星期的事，我感到非常抱歉。但那不是我的错误。我觉得你理解不了。”

杰米点头同意。“你是正确的。我理解不了，但我想理解。我想和你一起更加仔细地查看当时的情况，看看我们是否可以从中学到什么，以便对我们的未来有所帮助。”

要意识到你与老好人进行坦率交谈的每一刻都是对将来的投资。当关系变得更加融洽，你也就会更加迅速地明了老好人的真情实感。这样，你就可以终结暗算和失望，获得成果，轻松一下。如果顺利的话，这就是一次一劳永逸、深入细致的谈话，解决了承诺的质量问题。如果不顺利的话，你就会陷入持续不断的麻烦之中。这就是为什么你必须放慢速度，花足够的时间去策划，确保一击中的。

第二步，真诚地交谈。如果你认为老好人因为什么而愤怒或者怨恨，如果你认为老好人相信借口的效用，那么无论你的看法是否得到了证实，你都要鼓励此人与你开诚布公地谈话，以便解决问题。听他说完，不要反驳，不要匆忙下结论，也不要生气。然后回溯和澄清。一定要认可他的诚实，并告诉他自己有多么欣赏他的诚实。

“泰里，帮我弄明白上个星期发生的事情。是什么让你无法按时准备好信息？”

“我真的想准备好信息。但是我认为责任并不全在我。在那个会议上，有很多其他人，他们都可以伸出援手。就好像什么活都该我干似的！”

杰米点头表示理解。“啊呀，那太讨厌了。那次会议上肯定还有其他人可以帮得上忙。当你主动提出帮忙的时候就是这么想的吗？你有没有寻求其他人的帮助？”

泰里的视线越过杰米，看着窗外。“喔，不完全是。首先，我手头的活已经很多了。其次，预想不到的工作蜂拥而至。玛丽的部门正在重组，我不忍给她施加压力。然后还有弗兰克，他缺个人手，寻求帮助，我怎么能说不呢？”

杰米抑制住冲动，没有对抗泰里找借口的行为。相反，她再次点头。“所以你真的根本没有那么多的空闲时间去完成计划书，是吧？为什么不告诉路科林女士或者我你有多忙呢？”

“喔，我不想让你们失望。你知道是怎么回事。”

“泰里，我看，除了你之外，没人知道你经历了什么！你无疑被压倒了。谢谢你告诉我事情的真相。我真的感谢你对我实话实说。”

注意：杰米感谢泰里实话实说，而不是针对泰里说的实话匆忙发表看法。认可与老好人的诚实交流总是重要的，这样，你在将来也能更多地与老好人开诚布公地交流。

第三步，帮助他们学会统筹规划。一旦倾听了老好人的观点，你就会明白为什么不能把“是”当成答案。这时应当创造学习机会。因为学会统筹规划得益于经验，所以，这就是老好人“改变历史”的机会，老好人可以创造积极的经验，信守过去的诺言。

“你知道，泰里，至少对我来说：成为团队成员甚至朋友最重要的一个方面，就是知道我的朋友可以依靠我而且我也可以依靠我的朋友。请想一想，如果彼此之间信守承诺的时候总是出问题，朋友之间的感情以及共事的能力会受到什么影响。我想问你这个问题：如果时间可以退回到三个星期前的那个全体雇员会议上，你会有什么不同的做法？”

虽然杰米知道答案，但是泰里肯定不知道答案。所以，杰米帮助泰里看到她有选择权但却没有使用。比如，一开始开会的时候，她就可以声明自己可以作为团队的一部分但不能承担所有的工作，或者她一觉得被压倒了就立刻致电路科林女士寻求帮助，或者原先根本就不挺身而出。如果因为重组，她不忍给会计部门施加压力，她本可以要求杰米来做，而不是往后拖延。一明确了使用选择权的诱因，就可以作出多种选择。可靠性和寻求帮助是团队工作和友谊的两个特征。

以过去的经验为模板，你们可以一起回到过去处理这项任务，就好像这项任务即将到来。什么诱因缺失了？什么可以有不同的做法？这个情况还可以怎么处理？帮助老好人关注与完成任务相关的特定的行动步骤和程序。老好人急于取悦他人，老好人的第一要务是与他人和睦相处，因而很少花时间去关注特定的步骤和程序，直到有人给他们指出这样做的重要性。一定要处理他们过去找的借口，比如电话不停地打来，人们老是来访，太多的工作需要完成以至于无法完成任务，……没有章法的人所具有的全部标志和症状。

此时，你可能会想："嘿，我不想代他们干活。"你没有这个必要。不过，如果食言的情况让你心灰意冷，你倒不如把沮丧之情转化成前进的动力。如果你提前为诚实的交流营造了舒适的环境，然后教给老好人简单的任务管理技术，你就不必一直对付老好人行为。

第四步，保证承诺的实现。在讨论的末尾，感谢老好人开诚布公地跟你谈问题，并且问："下次你对我作出承诺却又无法履行时，你会采用什么不同的做法？"一旦得到了答案，你就必须进行到底，保证承诺的实现。

这里有五种方法可以保证承诺的实现，保证你进行到底：

■ 要求他们以名誉担保。这五种方法中最简单的一种就是要求老好人以名誉支持自己的承诺。你看着他们的眼睛，说："现在，你能保证在任何情况下履行承诺吗？"当人们以名誉作出担保时，履约的可能性就更大，强于简单地说"嗯"或者"是的"。

■ 要求他们总结自己的承诺。让刺头向你回顾和总结一下将要做的事情。让他们为你提供细节的时候，你要回溯和澄清。比如，你说："我想确保我和你明白了如何处理此事。你能否向我描述一下你会怎么做，以及在什么时候做？"

■ 让他们写下来。要帮助老好人记住自己的承诺，就得让他们在走开以前写下书面保证。让他们写下自己想做的事情，在电话旁边张贴一个便条，或者在汽车仪表板上张贴一个便条，给你抄一份，或者把便条放在日程表的首页，以便确认。"我将……"然后填上他们作出的承诺。大多数有条不紊的人都认为：写下承诺是个实际行动，可以方便记忆和照章行事。

■ 奇怪的最后期限。"那么，你要在星期三上午10：23之前交到我的办公桌上？"大多数人会把时间凑整。奇怪的最后期限不同寻常，因为能让老好人印象深刻。

■ 描述负面影响。第五种方法是指出爽约可能造成的负面影响。如果你就人和人际关系来说：你对这些影响的描述就会收到很好的效果。“现在，我们想象一下，星期三上午10：23你答应完成的项目没有完成。周围那些依靠你的每一个人会怎么想？”

第五步，强化关系。最终，对于以和睦相处为目的的所有老好人，尤其是对于那些曾经难以相处的老好人，要把每一次互动看成是一个强化关系的机会。当老好人坦诚地向你讲述疑惑和忧虑的时候，要给予认可，把每一个履行的承诺都当成一件大事，要非常谨慎地应对未能履行的承诺。

有时候，老好人还是会无法信守承诺。因为任务和时间管理需要时间和实践才能学会。我们建议你谨慎应对未能履行的承诺。当人们犯错，你给他们指出错误时，他们往往会自我保护。相反，要把错误和未履行的承诺看作是帮助他们进一步发展技能的机会。有效地纠正老好人是强化关系的强大手段。这里是纠正方法：

■ 告诉他们，他们做了什么，尽量具体地描述发生了什么。不要给他们你的选择，但一定要给他们事实。一定要带着关心和真诚去做。

“泰里，你作出了承诺，要整理计划书。”

■ 尽你最大的努力，告诉他们，别人受到了什么影响。

“结果是，在一个重要客户面前，我们表现不佳。路科林女士和‘头儿’感到失望。他们对我们失去了信心。”

■ 告诉他们，你的感想……失望、愤怒等等。不要夸大其词，要实事求是。

“实际上，我感到失望，非常失望。”

■ 规划积极意图。告诉他们：“那可不像你呀。”即使他们事实上如此。人们不会否定积极规划，而会坚持不懈，奋发图强，去实现积极规划。

“让那些人失望，可不像你的作风呀。我知道你立志高远而且具有集体荣誉感，我知道你有能力把自己的话变成现实。我也知道你无需作出自己无法信守的承诺。”

■ 问问他们汲取了什么经验教训，或者问问如果有机会重新来做的话，他们会采取什么不同的做法。这叫做学习时刻。学习时刻把负面记忆转化成有益的经验。

“那么，告诉我，如果可以重做一遍的话，你会采取什么不同的做法？”采用这种方法，你可以把你们两个人的失败都转化为成功。

当有人履行了承诺时，同样的战略还可以用来强化关系。正常情况下，当人们履行了承诺，他们听到了一个简短的“谢谢”，仅此而已。对于老好人与和事佬，你的“谢谢”会增进他们将来履约的可能性。这是同样的战略，只不过适用于得到履行的承诺。

■ 尽量具体地告诉他们，他们做对了什么。不要告诉他们你的选择，只说事实。

“泰里，你承诺为发言整理计划书。你真是说到做到。”

■ 尽你最大的努力，告诉他们别人受到了什么影响。

“结果是，客户决定跟我们做生意，‘头儿’非常高兴，路科林的女士笑逐颜开。”

■ 告诉他们你的感想：高兴、印象深刻、感激等等。

“你进行处理，我表示感激。整个计划书的设计也给我留下了深刻的印象！图片精美。纷繁复杂的信息被你变得深入浅出，明白易懂。没有你的参与，发言不可能如此成功。谢谢你的辛苦。”

■ 规划积极意图。告诉他们：“对于你，那是我喜欢的一个方面。”你想把他们的心理与守信联系起来。

“你知道，我真的喜欢你那样做。那样做事时，你正确应对，真是了不起！

■ 让他们知道你期待着他们再接再厉。

“能和你就此展开合作真是令人高兴。希望将来能有更多的机会跟你合作。”

营造你与老好人或者和事佬的关系，你不仅可以强化自己的关系网，网罗可靠的朋友，还可以享受到愉悦的心情，因为自己得到了永久的回报。也就是说：你改变了他人的生活，给他人的生活带来了意义。

经典战例：击败难相处的人

“不切实际的承诺之案例”

“我根本不知道怎么才能完成全部任务。”克里斯蒂（Kristy）说着肩膀垂了下来。“约翰逊的报告，新的推荐信……”然而，她的心境好像有所好转，她问：“约翰逊怎么样？他的那颗牙掉了吗？”

“是的，”贝娅（Becky）回答，“掉了，他牙中间那个空隙，看起来真酷。但是克里斯蒂，如果你今天要完成那么多的工作，你就不应该在这儿跟我吃午饭。你最好开始干了。”

“我知道，我知道。”克里斯蒂一边说，一边扫视着房间寻找熟悉的面孔。

哈里（Harry）看到了她，微笑，然后从远处走了过来。“嘿，女士们！嘿，克里斯蒂，你能帮我个大忙吗？在为季报搜集信息方面，我有点滞后。你觉得自己能否查检那些数字并在今天结束之前交回给我？”

“当然。”克里斯蒂说，并灿烂地微笑。

“谢谢。你是个好友。回见。”

贝娅的嘴咧开了。“克里斯蒂，你在开玩笑?!你知道你刚才答应了什么？”

“什么？”

“喔，”贝娅说，“收集那些数字可不只是查检数字那么简单。至少也得花费你两个小时！你对我说你今天有工作正在处理，你在5点之前根本干不完！”

克里斯蒂低下了头：“唉，我没想到。”

“喔，想一想，要是事儿办不成，哈里会怎么想——还有那些指望他的人。更不用说那些对你抱以期望的人！”（放眼未来）

“喔，我想我可以加班。”

“你家人怎么办？”

“啊呀，不好。我做了什么？我能怎么办？”

“喔，从现在开始，当有人对你提要求时，如果你真的想让他们快乐，训练你自己说：‘给我几分钟查看一下日程安排表，我会给你回话的（帮助他们学习）。’然后，你可以作出现实的承诺。人人都喜欢你，克里斯蒂，这个公司里没有人想让你觉得压力重重。”

“对，哈里，我该怎么办？”

“对他实话实说。良好的关系是基于诚实之上（与人们的焦点调和）。现在知道，他会感激你的，因为还有时间，可以采取行动。到了5点就太迟了。”

“好的，我想我会跟他谈。”

“太棒了。现在是12点49分。12点58分和13点06分之间，你会在哈里的办公室对他直言相告，是吧？”（保证承诺的实现）

克里斯蒂笑了，然后离开了。她对哈里说了实话。哈里不但表示理解，还主动提出帮她分担一些工作。

“几乎泡汤的圣诞节”

（虚构的故事，戏剧性的事件，身临其境的感受）

北极：小精灵平基（Pinky）目光忧伤地吐露心中的秘密：“人人都抑郁沮丧！许下的设备还没到。照这种情形，下一个圣诞节能准备好就算幸运了，更不用说这个圣诞节了。”新的人力主管雷切尔

（Rachel）回答："有没有人跟圣诞老人谈过？""噢，当然，"平基回答，"他说了我们想听到的话，但是什么都没发生。"

雷切尔把圣诞老人一个人堵在了办公室里。圣诞老人像往常一样善良快活。"圣诞老人，两个月以前，你向小精灵们发誓要更换这个设备。但是什么都没发生。现在，我们每个星期出现两次微伤（nearinjuries），我们的工作一塌糊涂，乏善可陈。我不相信你会失信！"雷切尔愤愤不平地大发牢骚："我们还得在这种环境下再忍受一个星期。"

"嗨，雷切尔，我打算……嗯……更换那个设备，真的。只是我一直……忙，就这样。你们还得再等稍长一段时间，但我会抽出时间处理的。真的。来杯茶吧？"

"茶?！我不想喝茶。我想要结果！"雷切尔猛然冲出圣诞老人的办公室。

那天晚上，雷切尔的丈夫告诉她："亲爱的，你不能那样火星四溅地闯入他的办公室，狂轰滥炸。你可能把他吓了个半死。你为什么不去他的办公室，给他一个解释的机会呢。给他创造一个直抒胸臆、实话实说的环境。或许，表面现象背后有着难言的苦衷？"雷切尔能听出来她的丈夫可能了解到了什么情况。她肯定注意到他的交谈方式是多么令人愉悦，因为他的平静和耐心让她折服。可能这种情况就需要如此。

第二天，圣诞老人听到了敲门声。"嗬嗬嗬！进来吧，门开着呢！"圣诞老人说。圣诞老人背对着门，拨弄着墙上孩子们的图片。

"圣诞老人……我……我们需要谈谈。我发誓，这次不会咆哮。如果我将要为你工作，我希望你信任我，而且，我想信任你。我们需要谈谈心并消除误会。我想倾听（创造直抒胸臆、实话实说的环境）。因此，如果你有什么要告诉我，现在正是时候。圣诞老人，你还记得吗，在外面的基层生产现场（plant floor）你答应我更换那个再也修不好的设备？"

"是的，而且……就像我给你说的那样，我打算更换。"

"圣诞老人，告诉我真相。你为什么不马上更换？"

“喔，嗯，……因为是待发货订单。”

“跟谁？你什么时候下的订单（澄清细节）？”雷切尔平静而坚决地问道。

“喔，实际上，我根本就没有下订单。我在等一些钱到账，从今天算起，任何一天都可能到账。然后，我们就处理这个问题，我发誓。”

“那么，你在告诉我你不更换设备的原因是资金不足？”（回溯）

圣诞老人叹了口气：“是的。”

“我两个月前第一次来找你商量这个问题的时候，为什么不告诉我？”

“喔，我不想让你烦心。我觉得让你担心不好。”

“圣诞老人，谢谢。我真的感激你。你太体贴了（认可诚实）。但是，操作那个过时的设备让小精灵们愁眉苦脸。更糟的是，如果你食言，就会让小精灵们灰心丧气。现在，让我们看看整件事的来龙去脉。”

圣诞老人竹筒倒豆子，诉起了自己的苦经。工厂出现了赤字，定货量下降。新的电子玩具吞噬了市场份额。圣诞老人的作坊里从没有碰到过如此迅猛的退货狂潮。整个工厂的倒闭好像只是个时间问题。如果工厂真的倒闭了，孩子们就再也不会拥有真正的圣诞节，更不用说那些忠心耿耿的小精灵会有什么遭遇。还有驯鹿，他们会变成香肠！圣诞老人只是不忍心告诉大家面临失业的消息。政府的失业补助还没有惠及神话中的生物。他心事重重，不知道怎么办。

“圣诞老人，感谢你与我坦诚相待。我欣赏你的诚实（通过欣赏诚实来强化关系），即使你说出真话有点晚。但是亡羊补牢，为时不晚。就从现在开始，我需要知道，你能否保证从此及时地告诉我所有的消息？”（保证承诺的实现）

“雷切尔，”圣诞老人哽咽着说，“对不起。当然，你可以相信我的保证。但是我们有什么办法来拯救今年的圣诞节？”

“首先，当这些问题出现的时候，就该采取相应的行动解决问题。你该走出这间办公室，到基层生产现场告诉小精灵们真相。要求每个小精灵承诺提高质量，勇于创新。在一个动态组织（Dynamic organization）里，每个员工每年都为雇主提出至少24条持续改善（Continuous improvement）建议。普通的小精灵产出是多少？”

“啊……我不知道。”圣诞老人一边捋胡子一边回答。

“我给你点暗示。很少。为了改变现状，我们必须摧毁这里的官僚主义，赋予每个人改革的权力和责任。你需要放权给每一个人。”

圣诞老人正是按雷切尔说的去做了。他忧郁地走出办公室，来到工厂生产现场（factory floor），把忠心耿耿的员工召集到自己身边。圣诞老人说出了自己的心里话，小精灵和驯鹿侧耳倾听。他们听到了他的真诚和深深的关切。现在一起工作的时候，他们把作坊重组成一个个短小精悍的由小精灵管理的团队和质量研讨小组。他们引入培训师，培训师教给他们全面质量管理（Total Quality Management）原则。在一年当中，他们的质量提升了十个因子，获得了马尔科姆·波多里奇（Malcolm Baldrige）奖，市场份额达到了原来的三倍，力量大大增强，挫败了任天堂（Nintendo）的恶意收购。

学到了经验教训：在对付老好人时，不要把“是”当成答案。要友好，为人们创造直抒胸臆、实话实说的环境。搞清楚事情的来龙去脉。只有同舟共济，齐心协力，才能共渡难关。

小结

当有人变成了老好人，

你的目标：得到可行的承诺。

行动计划：

1.创造直抒胸臆、实话实说的环境。

2.真诚地交谈。

3.帮助此人学会统筹规划。

4.保证承诺的实现。

5.强化关系。

15

和事佬

最后期限很快就要到了，必须作出决定，而且要快。以前从来没有这么多的营销计划可供选择，好像每个有点想法的人都存在着既得利益。压力难以想象。领导把顾问们叫进办公室。“那边有什么消息吗，特德？”他问。

“难说，头儿。有的说改，有的说不改。”

“你怎么说的？”

“怎么都行。”

“很好。但我需要你的建议和支持。”

“没问题，先生，现在难说，怎么都有可能。”

“我知道。我在征求你们的意见。比尔，这个问题，你站在哪边？”

“呃，先生，我想想再告诉你吧。”

“我现在就要作出决定。玛丽，你觉得新的计划可行吗？”

“有可能。”

领导扬起双手，灰心丧气地嘟囔着：“谢谢。就这样吧。”顾问们鱼贯而出，领导摇着脑袋：“在这里我只能靠自己吗？说出自己的真实想法就这么难吗？”

坚决果断的人知道每一个决定都有正反两面。他们习惯于作出最佳决定，并处理出现的负面后果。不过，当人们变成和事佬的时候，就不可能作出最佳决定，因为每一个选择的负面后果都使他们失去了判断力。他们不寻求帮助，而且还振振有词、理由充分，比如：不想打扰任何人，不想让任何人苦恼，不想成为任何错误的原因。所以，他们拖拖拉拉，能拖就拖，希望好的选择能自行出现。不幸的是，对于大多数决定来说，此时此刻作出决定已经太迟了，决定自行作出了决定。

你最好调整你的态度

因优柔寡断的人而生气是完全可以理解的，也是毫无效果的。对拖延丧失耐心就会加以指责，指责使决断难上加难。愤怒把死亡之吻加在了决策过程之中。如果你想要推着和事佬作出决定，他或她就会以更多的疑问反推回来，抵消你的努力。如果你想要硬拖着和事佬作出决定，他或她会支吾拖延，逃跑撤退。所以，当你愤怒或者不耐烦的时候，你最好在对付刺头之前就对付这些情绪。

就你个人而言，要表现出热情，对他人感情的敏感、耐心和出手相助的愿望。热情是必要的，因为热情可以帮助和事佬对你产生足够的信任，以便放松身心和清晰思考。敏感是必要的，因为没有了敏感，你就会在一瞬间丧失信任，让和事佬陷入更深的疑问之中，怀疑自己是不是告诉你什么。耐心是必要的，因为这一信息抽取（informationextraction）需要投入时间和意愿，让决策过程按照和事佬的进度按部就班地进行。出手相助的愿望是必不可少的，因为你将不得不教给此人决策的学问。

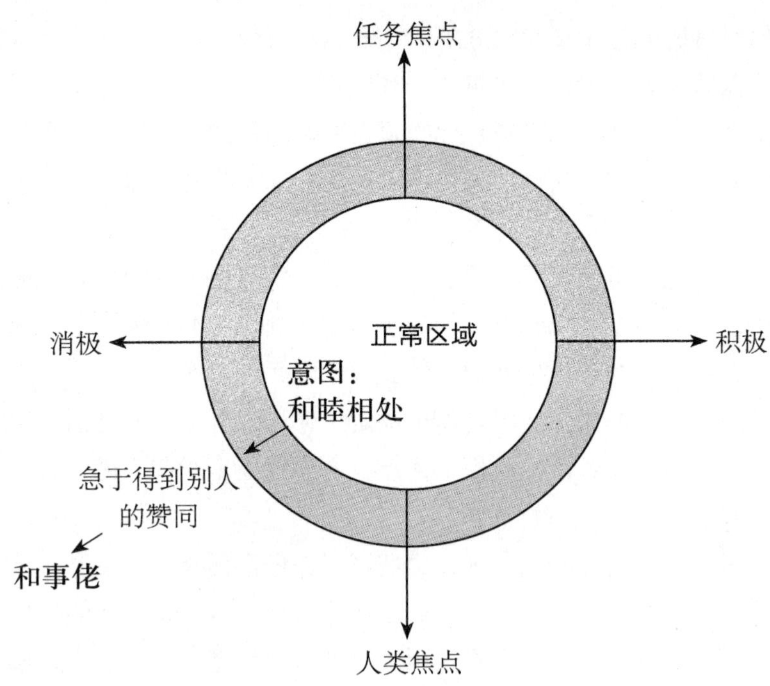

你的目标：帮助他们学会思考作出决策

和事佬的问题并不复杂：他或她不知道怎样采用系统的方法在不完美的选择里选择。因此，你的目标是教会此人决策的学问并激励此人学以致用。可能你已经听说了“授人以鱼，则有一餐之食。授人以渔，欲食即可捕之”。然而“师傅领进门，修行在个人”。所以，你将要创造一个交流的环境，促使和事佬停止拖延并学习理性决策。

行动计划

第一步，建立和维持舒适区域。你有没有告诉销售人员“考虑考虑”，即使你知道自己不会“购买”？你为什么那样做？因为你的和睦相处部分不想因说出真相而应对不适？

毋庸置疑，模糊的恐惧和消极的情绪妨碍了清晰的思考。记住，如果你要对付的人处于和睦相处象限，紧张情绪会使他们更加优柔寡断。纵然你能胁迫和事佬作出决定，一有风吹草动，他们就可能改变想法。要帮助问题人类清晰地思考，你必须在决策前景的周围开发一个舒适区域。不要心急火燎地让他们匆忙作出决定，你要从容不迫，尽可能的体贴周到。

先谈谈双边可靠关系的重要性，向他们反复保证你相信开诚布公的交谈可以改善关系。既然当人们处于和睦相处模式的时候才会出现和事佬行为，甚至你的老板也会对你的真诚作出回应。比如：

“我知道，如果你还没有作出决定，你肯定有充足的理由。如果你担心我的情绪或者看法，放松下来。我向你保证，对我来说：你与我坦诚相待的愿望比什么都要重要。”

如果你觉得合适的话，就向他们再三保证对话会限制在私人范围之内。你说话的口气要让人如沐春风，你的面部表情要做到和颜悦色。

马瓦发现苏独自一个人在投币式自动售货机旁边。看起来，如果她早些看到他的话，就会溜之大吉。

“那么，”马瓦开始说，表现出最大程度的热情，“你决定我们派谁去参加夏威夷的会议了吗？”

“喔，……我还在考虑。”

“苏，两个月之前，我就要求你作出这个决定。只有三个星期就要开会了。你知道，我们总是派最好的销售代表去。我知道，如果你推迟作出决定，肯定有充足的理由。无论是什么让你犹豫不决，你都可以跟我说。”（建立舒适区域）

“好吧，这里是名单。你为什么不选择？”苏基本上是个性情开朗的人，此时却愁眉不展，阴云密布。

第二步，显现冲突，澄清选择。从和事佬的角度耐心地考察跟决策相关的所有选择和障碍，耐心地考察每个可能受到决策负面影响的人们。倾听犹豫不决的话语，比如“可能”、“我想是的”、“差不多”、“那可能是真的”等等，把这些话语当成进一步考察的信号。

“苏，谢谢，但是我不这样认为。你是销售经理，由你决定人选是名至实归、顺理成章的。关于这项决定，你有没有什么该让我知道的难处（显现冲突）？你真的可以告诉我！”

“喔……”苏犹豫不决。

马瓦步步为营，继续前进。“在这项决策中，如果你受到了什么干扰，我想知道（维持舒适区域），即使我跟干扰源有关，你也可以直言不讳。怎么了（显现冲突）？”

“喔……或许应该让杰里（Jerry）去。他创造了季度销售记录。”

“这么说……就是杰里了。”马瓦的心脏怦怦乱跳，没想到这么容易就大功告成！

“嗯……那可能奏效。”

“苏，当你说可能时，我听起来好像你不确定杰里是最佳人选。选他有什么不奏效的地方吗？”

“不是那么回事儿。喔，是的。我的意思是洛里（Lori）怎么样？她以前是你的私人助理，你训练了她，你总是赞美她的工作……喔，我就是不知道。”（冲突找到了）

了解了苏的难处之后，马瓦可以想象苏为此纠结了多久。“就那么点事儿。你担心我的反应？”

“喔……是的！”（情节变得复杂了）

第三步，使用决策系统。做决策最好的方法就是使用系统。已经开发了许多系统，因而这里无需推倒重来，做重复劳动。如果你有一个运转良好的系统，就教给和事佬。

否则，还有一个经过考验、行之有效的简单系统——古老的本·富兰克林（Ben Franklin）方法：在一张纸上画一条纵线，把纸一分为二。把你的一个选择写在顶端，把这个选择的所有优点写在一边，所有缺点写在另一边。对其他选择，也重复这一步骤。一些人可以在心里这样做，在头脑里想象；一些人则需要写下来。对于和事佬，写下来可能更好、更清楚、更有用，可以做到坚持不懈。列下来这些条目之后，进行比较。一旦所有的优点和缺点都一目了然，就可以统观全局，作出最有说服力的选择，或者负面影响最小的选择。

马瓦说："你能跟我说这件事是多么困难呀。我真的感激不尽。"（维持舒适区域）

苏看起来吃了一惊："真的？"

"完全正确。而且，在将来，我希望你记住我更关心的是诚实而不是一致。同时，确实必须作出决定，而且要快。"马瓦把苏领到附近的桌子旁，抓过来一张纸，在顶端写上"洛里"。他把纸翻过来，写上"杰里"。"那么，我们在这里看看你的选择（使用决策系统）。你可以选择洛里来取悦我……"他在优点一边写上"使马瓦高兴"，然后划掉。"如果她不是最佳人选，我真的不会高兴。"他继续说，"而且，当然，那可能使杰里的效率一落千丈。"

他把这一点放入缺点之中。"我想让你根据自己的想法选择最当之无愧的人。"在接下来的几分钟里，他和苏一起进行了头脑风暴，总结了每个候选人的所有优点和缺点。

马瓦身体后仰，说："喔，杰里的效率好像比洛里高很多，把这次旅行奖励给他甚至能激励他人。但是，苏，这只是我的看法。我希望我们能在诚实的基础上建立起更强大的工作关系，你在这里作出的任何选择都不如诚实更能取悦我。选择权依旧在你。你认为谁最好？"

苏松了一口气。"我选杰里。"她的肩头好像卸下了重担。烟消云散，疑惑顿消，她重又现出了阳光灿烂的本色性情。

无论哪种系统对你有效，都要和你的和事佬坚持使用下去。这个系统会成为他或她的第二个本性。

第四步，反复保证，然后确保坚持到底。决定一旦作出，就要向和事佬反复保证：没有十全十美的决定，而且他或她的决定是优秀的决定。然后，为了保证和事佬坚持到底，就要与和事佬保持接触，直到决定得到贯彻。你可以通过这个细微的举动推进形势的发展。

"太棒了。我想，无论从哪方面来说，你都作出了正确的决定（反复保证）。你什么时候告诉他？"

"我们一结束谈话，我就告诉他。哟！浑身轻松。"

“我打赌。听着，苏。今天下午晚些时候，我会顺便来访，继续这件事情。我想知道他有什么反应。”（确保坚持到底）

第五步，强化关系。在此紧要关头，你有机会强化与和事佬的关系，以便在将来更容易地显现冲突。让对方明白，他或她的诚实会为你们创造更美好的未来。

“那么，苏，在我走之前，我想再问你一件事。你从这件事里学到了什么？”

“喔，马瓦，我学到的一件事是我可以跟你谈。我过去不知道你是如此地善解人意！”

“谢谢。我真的想让你认识到我是你的依靠，会倾听你的烦恼。你能否保证在将来跟我倾心交谈？这对我意义重大！”

“是的，没问题。”苏停顿了一会儿，然后继续，“事实上，如果可以的话，我还有些其他事情要跟你谈。这件事有点涉及个人问题……”他们小口喝着软饮料，沿着大厅漫步，艰难的决定好像成为了增进友谊的基础。

要愿意不时地投入一点时间，倾听和事佬的担忧。和此人在私人的层面上交谈，一有机会就帮助他或她学习决策步骤。如果你愿意耐心地投入一点时间进行这种引导，和事佬绝不会让你失望。然后，你会发现和事佬成为你所知道的最可靠的决策者之一。

经典战例：击败难相处的人

“击球还是不击球”

萨莉·戴维斯走进汉克（Hank）的办公室，看到他正盯着窗外。他好像神游天外，即使她在那里站一个小时，他也不会转过身来。最后，她把自己的棒球手套扔在他的大腿上，他被这好似从天而降的东西吓得跳了起来。“那么，队长，你有首发阵容了吗？”

他用手揉搓着眉毛里的皱纹说：“喔……嗯，还没有。”

萨莉的嘴咧开了一点。“汉克，垒球比赛还有一个小时就开始了。你打算什么时候定下首发阵容？”

“快了，我想。”

萨莉摇摇头。“汉克，这可不像你呀（积极规划）。你看你，为这件事已经考虑了一个星期了。如果你还没有作出决定，一定是有充足的理由。跟我谈谈。嘿，我是萨莉·戴维斯，你的接球手。如果投球手不能跟接球手谈，他还能跟谁谈（创造直抒胸臆、实话实说的环境）？来吧，我们开个紧急会议。我会对会议内容守口如瓶的。怎么了？”

汉克把双臂放在办公桌上，把下巴放在双臂之间，叹息道：“我陷入了困境。”

“什么困境？来吧，说出来！”萨莉鼓励道。

“喔，我不知道拿约翰逊怎么办。我不知道让他打什么位置。”

萨莉现出困惑的表情：“汉克，让他打第八人或者第九人挺好的。

他的击球率最多只有25%。这是个问题吗？”

“喔，你知道我多么渴望这次提升。约翰逊是决策委员会的一员。我不想冒冒犯他的危险。但是，话又说回来，我不知道怎样才能让他更早上场。球队依靠我的正确指挥，而我却不知道该做什么。”

萨莉吸了一口气，让自己平静地应对这一局面，然后平静地说：“我看你在这里确实出了问题。一方面，如果你让约翰逊打合适的位置，你就会冒冒犯他的危险并失去提升的机会。另一方面，如果你把他放在任何其他位置，你就会让球员们失望，是球员们让你担任队长。我说得千真万确吧？”

“是的。你说得对。没有解决办法。”

“或许……”萨莉说。她走到汉克墙上的白板旁边。

“你在干吗？”

“我们要看看你的选择。”在一边她写道“让约翰逊打第八人”，在另一边她写道“让约翰逊更早上场”。然后，她在每个选择下面画了一条竖线，分为两列，然后在每条线的左右两边标上优点和缺点的符号。“好了，”她开始说，“让我们看看让约翰逊打第八人的优点。”（帮助他们作出决定）

“喔，啊，这样对球队更好。我不会让我的队友失望。我猜仅此而已。”

“好，”萨莉说，“让约翰逊打第八人有什么错吗？”

“喔，可能会危及我的升迁。我可能冒犯他。”汉克叹息。然后，他的头猛地抬起来，双目圆睁，说：“约翰逊·布兰查德（Blanchard）。”

“啊？”戴维斯说。

“1961年在扬基队（Yankees），作为替补球员，约翰逊·布兰查德打出了30.5%的击球率和22个本垒打。凭借那些数字，他甚至进入不了首发阵容，因为那一年曼特尔（Mantle）打出了54个本垒打，毛里什（Maris）打出了61个本垒打。”

“当然。”萨莉说。她并不那么热衷于棒球，不清楚这和那天对阵大敌阿维塑料（ArvyPlastics）的首发阵容有什么关系。但不管怎么说，她还是在倾听和点头，好像懂了一样。

汉克接着说，陶醉在自己的世界里："……布兰查德那时是个接球手，但埃尔斯顿·霍华德（Elston Howard）和约吉·贝拉（Yogi Berra）也是。霍华德打出了34%的击球率，霍华德和贝拉打出了超过20个本垒打。斯科夫兰（Skowran）打出了27个本垒打。作为一个团队，他们打出了240个本垒打。还没有人有过这个记录。"

她必须澄清一下："汉克，那么，1961年的扬基队表现不错。那和让约翰逊打什么位置有什么关系？"

"我会告诉你的。约翰逊·布兰查德原本可以为任何一支其他球队首发，但是他却甘愿做扬基队的板凳球员。你从没有听他抱怨过。当他最终被交易时，他竟然把头埋在自己的扬基队棒球帽里，哭了。"汉克向窗外看去，眼睛闪闪发亮。"我绝不会忘记华盛顿邮报封底的图片。他的形象在报纸上栩栩如生，把头埋在棒球帽里哭了。好，那就是扬基队的球员，那就是重视团队精神的球员。谢谢，戴维斯。我们不用再纠缠了。球员们相信我，让我做队长，我要恪尽职守。约翰逊是球队的一员，我相信他能做好分内的工作。约翰逊打第八人。那是他合适的位置。如果他因此对我产生敌意，那就太不幸了。"说着，他从衣帽架上抓起自己的手套，顽皮地捅了捅萨莉的肩膀，说："谢谢，萨（Sal）。你能在我的球队，让我高兴。现在，我们热身吧。"

"没问题。"萨莉笑着说。

"他们爱你，噢，噢，噢"

（虚构的故事，戏剧性的事件，身临其境的感受）

不期而至的成功让这个音乐组合吃了一惊。现在，他们的音乐会场场爆满，媒体人竞相采访他们。在公众狂热的喧嚣声中，一个电视节目开播了，这个电视节目肯定会使他们获得更高的认可，甚至出乎他们本人的意料。只有一个小问题：乐队的一个成员对所有的一切有着不同的看法，不能下定决心去参加演出。让我们监听一下他们的谈话：

“我是说真的，约翰，你是否要冲破阻力，不达目的不罢休？”

“保罗（Paul），会有答案的，顺其自然吧。”

“约翰，尽量按我的方式看，只有时间会证明埃德（Ed）是否会改换门庭，为另一支乐队效力。”

“喔，保罗，会有个答案的。顺其自然吧。”

“听着，约翰。我了解你，你了解我，我可以告诉你一件事情，那就是我们可以解决这个问题（建立舒适区域）。你所需要的只是爱。请告诉我一些真相：怎么了，我的老朋友，不想参加埃德的演出（显现冲突）？”

“保罗，我觉得心神不宁，不知所措，理不清头绪。因为我年龄稍大一些，所以我才会觉得如此局促不安。你知道这不容易。”

“约翰，没有什么好担心的。不要把世界扛在肩膀上。要拿得起放得下。嘿，约翰，开始吧。喔，你知道自己本该如此。嘿，约翰，你能行。我可以告诉我。你有什么选择（澄清选择）？”

“喔，保罗，你说是，我说不。你这样说，我说你不明白。如果我愚不可及，只是撞上了大运，怎么办？我想我要让你失望了。我真是悲伤透顶了！”

“我知道，约翰，你不想让我失望，不是吗（回溯）？这个决定真的控制了你（调和）。”

“保罗，你真是我的知己呀。”

“好，那么。尽量按我的方式看。今晚将会有个演出。让你的形象出现在地铁里，出现在电视上，和黑白屏幕一起出现，和哥伦比亚广播公司（CBS）眼睛相映成趣。他们会爱你的，好吧（脑海中的决策系统）？”

“好的，好的。如果我能不让自己走神。保罗，你能否悄悄告诉我至理名言？”

“你知道事情会顺遂人意。顺其自然，顺其自然（反复保证，确保坚持到底）。”

“我想，靠着朋友们的一点帮助，我会渡过难关的……我们怎么去录音棚，保罗？”

“我捎你过去吧，约翰，因为我也要去那儿。”（强化关系）

小结

当有人变成了和事佬，

你的目标：帮助他们学会思考作出决策。

行动计划：

1.建立舒适区域。

2.显现冲突，澄清选择。

3.使用决策系统。

4.反复保证，然后确保坚持到底。

5.强化关系。

16
闷葫芦

等待闷葫芦做出回应……

雷（Ray）走进萨姆的办公室，坐在萨姆对面的长沙发上。萨姆甚至连头都没抬，一副旁若无人的样子。“哎，萨姆，你不能老是这么下去。跟我谈谈。无论你在为什么而苦恼，只要你愿意抓住机会，我们就能解决问题！”

萨姆继续看自己的杂志。雷觉得自己看到了一丝兴趣闪过萨姆的面庞，转瞬即逝。雷不耐烦地吼道：“快点，萨姆。整个项目止步不前，就是因为你拖了后腿，没有把数字整理出来。我不能再敷衍大家，让大家做无谓的等待了。我已经没有借口可找了，我的兴趣也正在丧失。”

萨姆慢慢地把椅子推离桌子，站了起来，开始穿过房间。雷以为即将取得突破，站起来迎接萨姆。但是萨姆走近长沙发，向左转，去拿书架顶部的卷笔刀。“太差了！”他嘟哝着，把铅笔放进卷笔刀的插孔旋转，然后扔进垃圾堆，换一支新的铅笔继续切削了起来。

雷怒目而视，摇晃着自己的脑袋，想：“他为什么要那样做？我做了什么，要受到这样的待遇？”

萨姆就是这种人，在不同的场合里，你都发现自己正在等待恭听对方的回话。你的耐心和坚持又能得到什么回报呢？总的来说，什么都没有。没有只言片语的回复。也没有言语之外的反馈，没有。闷葫芦紧闭嘴巴，目不转睛，视线穿过你的身体，视你如无物。

如果你通过理解的透镜观察，闷葫芦的行为开始讲得通了。闷葫芦是消极的，但是根据受挫的意图——认清任务或和睦相处——的不同，可以分为任务焦点型和人类焦点型。当和睦相处这个意图受到威胁或者受挫时，害羞、安静或者多思的人往往会撤退，并变得更加消极。别忘了，缄默是消极至极的回答。一些和睦相处型人类之所以撤退，是因为害怕摇晃船只，搅浑水体，浪起水涌，被抛出船舷。我们都曾经咬住嘴唇，一言不发，也曾经信奉沉默是金，不说为妙，还曾经害怕出言不逊，担心出口伤人，同样曾经嘎然而止，避免说出令自己将来后悔的话。人人都知道，如果没一语佳言，不如一言不发。和睦相处型闷葫芦没一语佳言，喜欢一言不发。

认清任务型闷葫芦追求完美，但却寻找不到完美。他们可能认定没有人像他们那样精益求精，认定无论他们说什么都无法改变那种情况。他们变得垂头丧气，最终偃旗息鼓，梦想破灭：“好！按你的方法去做。要是不行，别来找我。”然后，他们缄默不语，停滞不前。他们觉得无事可做。

虽然闷葫芦好像退出了冲突，但实质上他们却心如火烧，百爪挠心，酝酿积累的敌意不时会破堤而出，泛滥成灾。可能你注意到身边有人折断铅笔或者丢弃铅笔，使劲关抽屉，猛推门。当问他们怎么回事时，他们回答：“没什么！”另一个人问：“一切顺利吗？”他们回答：“诸事顺遂。”顺遂就是失望（Frustrated）、不安

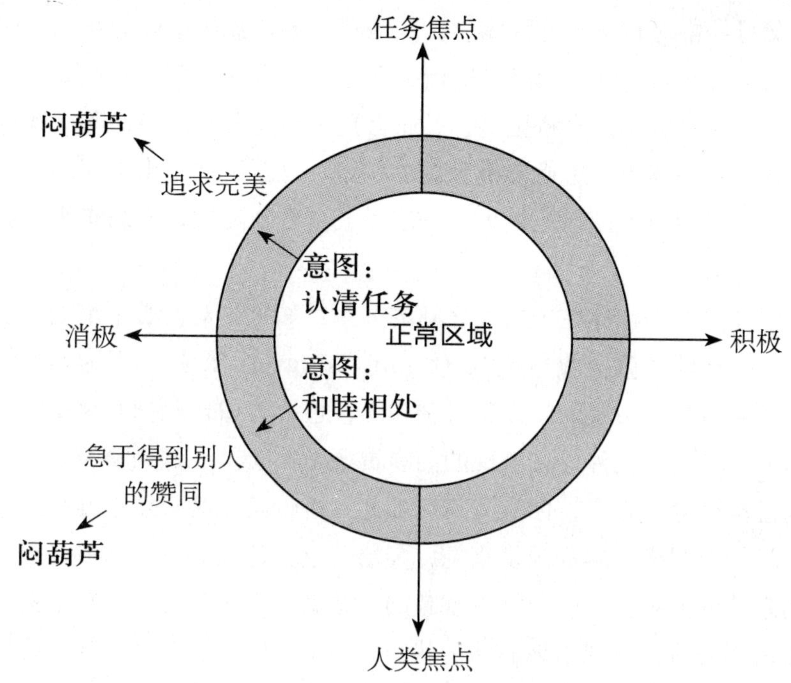

（Insecure）、神经质（Neurotic）和情绪化（Emotional）的消极—积极首字母缩略语。若事不顺遂，消极—积极的闷葫芦可能会怒不可遏，但闷葫芦体贴周到，努力避免情绪失控殃及他人，以免引发敌意。这就是为什么他们虐待无生命的东西，比如铅笔和门。另外，默不作声也是一种秘密的敌对行为。

你最好调整你的态度

对于低谷中的闷葫芦，如果你要确保自己做的每一件事情都没有让事态恶化，就必须找到放慢速度的办法。最大的挑战是如果你处于完成任务模式而且没有太多的时间，却又不得不寻找和花费时间。或许你经历过这样的挫败，你希望迅速达到目标，而闷葫芦却让你放慢了速度。这种挫败易转化为咄咄逼人的交流，注定让你与他（或她）之间一事无成。和睦相处型闷葫芦努力避免冲突和反对。如果对他们失去耐心，你的目的就可能无法达到，让他或她更加无话可说。

父母经常对孩子犯这种错误。闷葫芦行为是孩子最好的花招。如果失望的父母气势汹汹地与孩子交流，孩子可能因而一言不发，父母会更加失望，接着父母会声势更盛，孩子会更加退避三舍。孩子善于察言观色，寻求庇护场所，免遭唇枪舌剑的伤害，以至于抽不出更多的精力关注实际的说话内容。在短期内，一事无成。在长期内，余波未平，继续危害双边关系。

同样的原则也存在于成人之间的关系。如果你对信心不足的人发脾气，你在交流中就会收益递减（diminishingreturns）。因为不耐烦和失望使闷葫芦更加缄默，你就必须和颜悦色，好像自己拥有海量的时间可以挥霍。产生这种外在表现的内在资源是放松。在试图交流之前，花时间让自己静下心来。你从闷葫芦那儿有所斩获，就必须平静和放松。

另一个有帮助的资源是直觉。要培养直觉，最好的方法就是通过别人的眼睛看世界。另一个培养直觉的方法就是采用与他人一样的肢体语言和面部表情，并观察你的感情状态和思想。你可能自己都觉得诧异，因为你可以很好地理解闷葫芦并与之交流。

你的目标：劝闷葫芦开口

不管闷葫芦为什么噤若寒蝉，你的目标都是劝闷葫芦开口。这一目标不仅是可能的，也是可行的，因为当你使用这个战略的时候，没有什么能够阻止你。

行动计划

第一步，安排足够的时间。敌对的闷葫芦可能会逼你接近最后期限。你急需信息，他们有信息；你想要信息，而他们不愿为你提供信息。因此，如果可能的话，早作打算，保护自己。成功对付闷葫芦可能需要长时间的努力。如果你因为时间紧迫而精神紧张、急于求成，那么，这就不是时候。

如果你致力于打开别人的心扉，推心置腹，那么，你就要在日历上预先安排足够充分的时间。我们建议你安排一些与闷葫芦的15分钟“交流机会”。那样，如果一开始你无法成功，你可以锲而不舍，反复尝试。一旦他发现你不言放弃，他就可能一吐为快，只是为了让你离开他的视线。

第二步，怀着期待问开放性问题。最好不要问闷葫芦那种可以回答是、否或者咕哝一声的问题。我们建议你的问题以谁（Who）、什么（What）、哪里（Where）、什么时候（When）和怎样（How）为话题，因为这些单词往往可以引发讨论，探究闷葫芦思想里的具体信息。比如：“你在想什么”或者“你想怎样进行”或者“我们应该从这里到哪里去”成功的机率较大。而“你喜欢那个吗”或者“我们很快就要得到你的信息了吗”或者“你可以告诉我吗”成功的机率较小。

然而，有着天壤之别的不是你问话的内容，而是你问话的方式。在提问的时候，要确保你的肢体语言和面部表情也在寻求回应。我们建议你的表情和声音表现得就像是即将得到答案的样子。我们把这叫做期待的神色，这是一个非言语技巧，认为你可以心想事成，得到自己期待的东西（即使投入的时间经常让你难以忍受）。

如果没人注意，现在就试试。扬起眉毛，嘴巴微张，头向一边倾斜，身体略微前倾，就好像你刚问了个问题，并在随时期待着答案。

当你问闷葫芦开放性问题时，你必须用执著而又期待的目光长时间地注视着他，你不会想对任何正常人给予这样的注目礼。你可以由此打

发时间。在脑海里，想象你看到单词从他的喉咙里蹦出来，通过口腔，来到舌尖上。一旦单词来到了舌尖上，他会随时开口给你答案!

注意：你不会想要比比谁更擅长行注目礼。如果起初你没有成功，回顾一下目前为止发生的为数不多的事情，然后再次提问。这里有个例子。“刚才，我问你怎么了，你没有回答。我还是想知道怎么了？”

最后，压力积累到一定程度，闷葫芦受你的行为举止驱使而回答你。她张开嘴，给出典型的回答：“没什么”或者“我不知道”。

如果闷葫芦说“没什么”，然后你就可以说“还有呢”？

如果闷葫芦说“我不知道”，你可以说“猜猜”或者“展开想象的翅膀”或者“如果你确实知道的话，来龙去脉如何”，充分表现出求知若渴的神态。你会惊奇地发现，无论是对付成年人还是孩子，这一手有多么的立竿见影。下次，无论什么人说“我不知道”，你都要再试试这个法宝。令人大为惊奇的是，前一刻她还在宣称自己一无所知，接下来就迅速吐露心声。

第三步，活跃气氛。当黔驴技穷的时候，小心地使用一点幽默就可以大有斩获。有一些闷葫芦最不可调和，其不可调和的程度达到了你可以想象的极限，对其缄默的原因做荒唐、夸张而又难以置信的猜测，可以让其绽出笑容，丢盔弃甲。如果你能让闷葫芦笑出来，郁郁寡欢的情绪就会变成过眼云烟。

对于“我不知道”你的下一条攻击线（Line of offense）可以是夸张。在一次夫妻讨论会上，一个与会者宣称她的丈夫把太多的玻璃杯留在了洗涤槽里。我们问她：“有多么频繁？有多少杯子?”她回答：“太频繁了，太多了。”我们笑了，让她给个数，她说：“我不知道。”我们料到她会那么说,已经做好了准备，要求她猜一猜，然后用最为期待的目光看着她。她拒绝不了我们期待的表情，说：“太频繁了，太多了。”我们确信如果此举不能奏效，就得另寻他法。我们改变方法了。我们夸大其词：“喔，你是不是说一天30个杯子，一周7天，一年52个周？”她说：“不，大概4个杯子，一周3次。”我们不得不想：“她刚才怎么不说？”我们还是不知道，但是我们知道如果你夸大其词，人们就会精确细致。

或者，你可以自己开始猜测。你可以说："你大发雷霆是因为我让你沦落到看饮水机的地步，而且还因为满月让你躁狂不已，是吧？"或者，你可以说："我会谈一谈。如果你赞成就眨一下眼睛，反对就眨两下眼睛。"我们发现，对于一些闷葫芦而言，你的猜测和建议越肆无忌惮，闷葫芦就会越迅速地一吐为快，给出精确细致的答案。

这个方法要慎用，因为幽默是个双刃剑，操作不慎，就会伤及闷葫芦和你自己，后果严重，并不有趣。记住这个警告。如果你继续使用幽默惹闷葫芦生了气，那么，不要继续掉以轻心，忽视危局。立刻真诚地道歉。然后提醒闷葫芦你的意图是展开对话，而不是做独白。就像许多种交流一样，使用幽默并不是一个放之四海而皆准的万灵丹药。使用幽默是基于你的主观判断，所以应该谨慎使用。

第四步，猜测。如果迄今为止闷葫芦依旧沉默，其他方面也毫无结果，或者你想用一种方法替换第三步，试试这个：把自己放在闷葫芦的地位，去理解闷葫芦，回顾一下事情的经过。顺序是什么，为了让消极沉默产生积极意义，你还可以怎样解读这一顺序？一有想法，就向她提议并观察她的反应。你可以考虑几个可能性，迅速说出来。不要为如何作出正确的抉择而担忧。即使有些想法欠精确也无关紧要，强迫自己想出一些可能性。总是这样开始你的猜测，告诉她"我不知道你怎么了"或者"这里，我做一下猜测，但是……"人们讨厌你说你知道他们在想什么，但是如果你猜对的话，他们会心情愉悦。如果你可以命中或者近乎命中他们缄默的原因，你实际上就可以让此人开始说话。至少，你会注意到她的肢体动作和面部表情发生了明显的变化。

贝姬是个问题少女。一个州行政部门让贝姬去咨询一个叫吉迪恩（Gideon）的顾问。贝姬辍学了，整天睡觉，不愿和任何人交谈——包括顾问吉迪恩。她只是坐在办公室里，摇晃着脚丫，盯着窗外。她不愿回答他的任何问题。最糟糕的是，吉迪恩用最为期待的目光看着她，她却熟视无睹。所以，顾问吉迪恩开始猜测是什么原因引起了她行为举止的变化。他说：

“我不知道你怎么了，而且你肯定不会告诉我，但是你已经让我浮想联翩了。如果我是一个少年，整天睡觉，我是怎么了？　……我想我是在逃避什么！喔，我要逃避什么呢？可能是学校里的什么东西，可能是家里的什么东西。在学校，让我们看看。可能我不合群，可能我没有一个真正的朋友，可能我觉得那些陈词滥调让人昏昏欲睡。州政府敦促我重返学校，但可能我已经落下了太多，再也跟不上了。可能我缺少基本的阅读和数学技巧，这让我感到困窘。”

吉迪恩接着说：“嗳，我在家里可能逃避什么？可能我感觉不到关心。别忘了，如果我辍学了，整天在家里睡觉，但父母什么都不说，喔……我猜我会认为他们不太上心。我听说你有了个新的继父。我可以清楚地看到你觉得自己缺少父爱。”

对于这个猜谜游戏，贝姬会怎么回应呢？顾问对学校作出第二个猜测的时候，她的脚就停止扭动了。那是个好信号，因为20分钟以来，她一直漠不关心，安之若素，而现在她作出了第一个改变。吉迪恩继续说，贝姬抬起头，目光锁定他的眼睛，然后泪水涌上了她的眼眶。过了一会儿，她就说出了隐藏在心中的恐惧。

在做猜测的时候，如果你注意到了行为举止的变化，那就表明你处于正确的轨道之上。坚持路线，继续前进。在你还不知道的情况下，他们就会跟你交谈了。在最顺利的情况下，即使你猜错了，不管怎么说，人们有时还是会开始讲话。好像是他们对你心怀歉意，因为你没有理出一点头绪，所以他们决定给你一个机会。通过了解一个人的情况和立场，你发现了你们人性之中的共同基础。

第五步，放眼未来。有时，让闷葫芦开口，唯一的办法就是把他带出现实，走进未来。在未来的世界里，他能看到始终沉默的后果，或许由此转换思路，受到刺激，开口说话。根据你和闷葫芦关系的亲疏，你可以因地制宜，实际使用的语言可以不尽相同。

■ 对于认清任务型闷葫芦，你可以说：

“好，别说（与正在发生的情况调和）。请想想，多少事情可能出错，我们要在这个项目上浪费多少时间，而原因是我们没有得到你的信息。”

■ 对于和睦相处型闷葫芦，你可以说：

“好的，你不用说（调和），但是从长期来看，如果不开始交流的话，我认为我们的关系难以维系。”

■ 对于办公室里的和睦相处型闷葫芦，你可以说：

“好的，你不用说（调和），但是如果我们都封闭在自己狭小的世界里，在这里工作确实没什么意思。那肯定会扼杀团队精神并导致许多恶感和误解。”

■ 有些闷葫芦想要把你排除在外以达到击败你的目的。对于这种怀有敌意的闷葫芦，要谈一谈你将不得不施加在他或她身上的消极后果，比如申诉程序、向他们的上级汇报、填写文书，等等。

警告：要说到做到，不要虚张声势。虚声恫吓让人们明白你只是只纸老虎。你的目标是无中生有，而不是一无所获，所以继续保持沉默的闷葫芦会觉得坐立不安。

有时，闷葫芦最终确实做到了畅所欲言，你可能会发现这是个“全有或者全无”的情况。如果你得到了一堆好像互不关联的信息，不要为了澄清而打断对方，继续听一会儿。这样，他们就能习惯把话说出来，而不是憋在心里。当闷葫芦开始说话时，你需要做的就是开始倾听。

经典战例：击败难相处的人

“坚持不懈的力量”

雷抑制住一走了之的冲动。相反，他放松了下来，告诉自己时间充足而且花费时间是值得的。他抓住这只言片语，用一个问题作出回应：“什么太差了，萨姆？”（怀着期待问开放性问题）

萨姆目光坚定地看着雷。萨姆的一双眼睛好像短暂地温和了下来。然后，他小心戒备，回答：“我不知道。”萨姆回到了办公桌和杂志的世界里。

雷说：“如果你确实知道的话，来龙去脉如何？”（怀着期待问问题）

萨姆把目光移向别处，沉默了一会之后说：“我们受到了这样的待遇，而人们却认为我们可以完成这里的工作，我真不知道他们怎么想的。就是……”他嘟嘟哝哝，再次陷入了沉默。

雷坐在那儿，在心里回想着公司最近发生的事情，眼前一亮，豁然开朗。

“萨姆，我在这里只是猜测一下，但是，三个月之前重组的时候，我们的两个部门被大幅裁撤，预算被大幅削减。那对你有什么影响？”（猜测）雷看到萨姆的肢体语言经历了难以置信的改变。萨姆几乎是在座位里局促不安。看起来，随着内心压力的积累，萨姆要开口说话了。然而，萨姆又一次表现出来了小心戒备的一面，用坚定而愤怒的目光看着杂志。

雷感觉到只需要给萨姆助力一下，萨姆就会打开金口，畅谈让他一言不发的任何原因。所以，雷谈到了未来，说："如果我对此猜测正确，你发现缩水的预算和人员的流失难以应付，那么，考虑一下！你缄默不语，我们得不到你的信息，更多的人就会失业，而且就在这家公司里的几年来与你朝夕相处的人们会前途莫测，危机重重，所有的一切都是因为你没有做对事情。现在，你可能觉得自己有充足的理由保持沉默。但是，你的理由能经受时间的考验吗（放眼未来）？说吧，萨姆，怎么了？"

萨姆打开心底沉重的闸门，恶感与忧虑喷涌而出，席卷了整个房间。显然，萨姆一直在承受着缄默的煎熬。雷让他一吐为快。当竹筒倒豆子说完之后，萨姆就像一个害羞的男孩一样给出了急需的信息。能给局势带来一丝光明，雷感到高兴。雷对萨姆的诚实表示感激，让萨姆一个人陷入了沉思之中。

"脚上的大火"

一位演说家应州行政部门的要求，去激励八个最不可救药的案例。演说家采取策略，想让听众参与进来，但效果不佳。就这些年轻人而言，他只是另一个权威人物。演说家环顾房间，看到的只是八个怀有敌意的闷葫芦，他们根本一个词儿都听不进去。演说家忙着往写字板上写字，突然之间闻到了烟味。他转过身来，发现他们的头目埃里克（Eric）正冲着自己咧嘴而笑。埃里克把自己的鞋带点着了。鞋带就像烟一样燃烧，这个年轻人坐在那里，双腿交叉，咧着嘴笑。

这些孩子曾经反抗了许多权威人物，这个演说家不想成为其中的一员。所以，相反，他看着这个男孩的眼睛，笑着说："我听说过很多关于你的事情……但是，今天你在吸烟，伙计（活跃气氛）。然后，演说家继续往写字板上写字，继续刚才中断的工作，就好像一切正常。孩子们都笑了起来，这个男孩把火灭掉。当演说家再次转过头来时，他有了八个盟友，他们都已经做好了参与和学习的准备。"

小结

当有人变成了闷葫芦，
你的目标：劝闷葫芦开口。
行动计划：

1.安排足够的时间。
2.怀着期待问开放性问题。
3.活跃气氛。
4.猜测。
5.放眼未来。

17

悲观主义者

还是个孩子的时候，里克就喜欢打曲棍球。虽然已经不再打冰上曲棍球，里克还是拉起了一支正规军，在当地的一家体育馆打地板曲棍球。队伍里有几个刚来的移民。他们打球的第一天，他就与一个叫弗拉基米尔（Vladimir）的移民起了龃龉。里克很快了解到弗拉基米尔就是队伍里公认的悲观主义者。弗拉基米尔总是告诉每一个人他们的错误所在，绝口不提他们的正确做法。

“什么？你的腿几乎断了？你还能跑吗？”

“要让你传球给我，我该说什么语言？”

弗拉基米尔的消极评论使每一次游戏都沦落成了争论。

“该死，”里克想，“游戏原本可以如此有趣。”

悲观主义者是任务焦点型个人，避免犯错，受认清任务这一意图的激励。做什么、该在哪里做、什么时候做、谁来做、最重要的是怎么做，对于这些问题悲观主义者都以尽善尽美为标准。当别人的缺点、弱点和失败阻碍了尽善尽美的实现，那么，就没有什么符合标准，错误在地平线隐约出现，悲观主义者感到绝望。悲观主义者认为只有他自己或她自己愿意和能够查看过去、现在和将来的错误。悲观主义者能发现芸芸众生和万事万物之中的负面因素。

一些悲观主义者把大量的精力放在挑三拣四、喋喋不休上，而其他的悲观主义者则完全陷入了消极、冷漠和绝望之中。通过思想、话语和偶尔的所作所为，消极的悲观主义者有着超凡脱俗的能力，可以扑灭别人的希望，把创造的火花扼杀在萌芽阶段。他们好像是在保护身边的人免遭失望的折磨，因为他们阻止身边的人燃起希望之火。“人难免一死，世事无常，上来的，”他们告诉我们，“肯定要下去。”人们可以推定，下去的肯定不能再卷土重来。

在所有难相处的人们之中，消极悲观的人最能在潜移默化之中影响他人。消极性损害积极性，阻止发展，导致他人的抑郁和绝望。然而，悲观主义者并不是有意让所有人都陷入痛苦的漩涡之中。他们真的心口如一，相信局势令人绝望。极端消极的人们被过去的林林总总的失望所击倒，总是悲悲戚戚。困难过去了，但是痛苦继续存在。因此，消极的人们对生活抱有很深的成见，这些成见又进而影响了他们所有的观点。

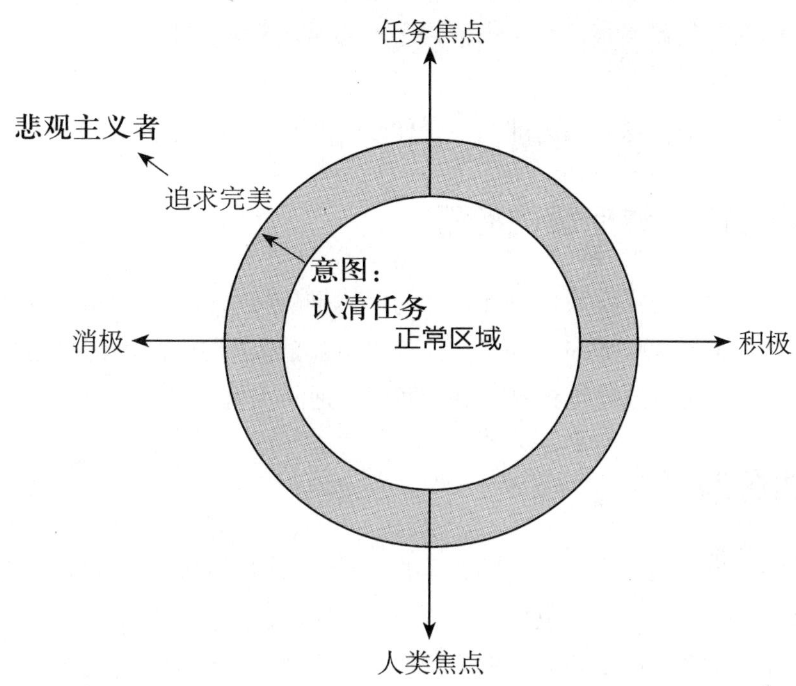

你最好调整你的态度

对付悲观主义者的关键是拥有同情而不是轻视。从长远的观点来看，你也需要洞察力和耐心。

你可能从不知道，你也无需知道，悲观主义者在生活中面对着怎样的麻烦和苦难，他们必须克服什么障碍，他们战胜了什么样的恶劣环境。一言以蔽之，当人们变得性情乖张的时候，在行为举止发生改变之前总是有消极的历史。

我们推荐本书末尾一章的分离技巧，以便帮助你重获洞察力。末尾这一章研究的是态度。把你与悲观主义者的交往比作更加不快的事情（除非你本人已经变得性情乖张，你完全可以想一想更加不快的事情）。或者问你自己："一百年之后，他们的消极性算什么？"

虽然有时候你已经倾尽全力了，但好像什么都没有改变。在这一过程中，要耐心。一些行为变化在以蜗牛般的速度进行，然而对过程保持耐心终究能获得回报。人生当中，令人心满意足的结果并不多，但是如果一个消极的人获得了勇气，放弃了恐惧，开始了生活，这肯定是件令人欣喜的事情。这一新的准则会让你改变对他们的消极性的回应。

你的目标：转而解决问题

在对付悲观主义者的时候，你的目标是从挑剔错误转向解决问题，从停滞转向革新，从下降转向提高。你可能无法彻底阻断消极性的洪流，但是你可以成功地让这一洪流回到合适的水道。

行动计划

第一步，随波逐流。对付消极的人时，最糟糕的做法就是让他们相信局面不是糟糕，而是更糟糕。这只会促使消极的人们更加专心致志地让你确信局面实际上是如此糟糕，而且还会更加糟糕。当你努力说服消极的人们变得积极的时候，你自己会不可避免地变得消极（在某种程度上，这意味着你确实会得遂所愿，因为根据负负得正的数学原理，两个消极能促成一个积极）。但抛开数学不说，两个消极的人要想变得积极会更加困难。换句话说，试图说服悲观主义者变得积极，就像挣扎着爬出流沙一样：你挣扎得越厉害，就陷得越深。对付消极的人，第一个行动步骤就是允许他们为所欲为，想多消极就可以多消极。

第二步，把他们用作资源。悲观主义者可以在你的人生之中发挥两个重大作用：他们可以塑造你的个性，还可以充当早期预警系统。

如果你想练肌肉，就去推重物。如果你想塑造性格，就和悲观主义者待在一起，并同时保持积极向上的心态，因为逆境塑造性格。保持自己积极的态度，而不是努力把消极的人们变成积极的人们，可以防止坠入深渊，万劫不复。告诉你自己你正在为迎接人生的重大挑战而进行训练。悲观主义者肩负着塑造你性格的使命，帮助你做好准备迎接未来的挑战。这毕竟是一个充满挑战的世界。迎接挑战的回报就是内力，因为个性是幸福生活必不可少的资源。如果你想要得到一些乐趣，下次悲观主义者开始用消极性征服你的时候，你把手轻轻地放在他的肩膀上，看着他的眼睛，说："谢谢你，干得棒极了。"他或许会因此感到困惑，停了下来。你可能会感觉良好，因为你让他莫名其妙、晕头转向。

悲观主义者还可以发挥烟雾探测器或者其他早期预警系统的作用，提醒你注意目前的或者潜在的问题。我们知道一家公司的行政人员之中有个悲观主义者。每一个新想法、每一个行动计划，他们都要征求她的意见。他们在向前进之前都要让她作出评论。"我明白这是个伟大的想法，但是我确信其中问题多多。苏，别胡扯了！"这是个策略，因为如果你提问、倾听并深入调查的话，你会发现消极的人的担忧有一定的道理。这种认识能帮助你和他人防微杜渐，早做准备。悲观主义者经常能意识到大量被忽略的问题。毋庸置疑，悲观主义者会把这些问题扩大化。但是，显而易见，你所不知道的东西会对你造成更大的伤害，悲观主义者的消极行为对你没有那么大的影响。

所有人都会偶尔把问题扩大化，所有的交流（包括这句话）都在一定程度上扩大化了。我们可能在两个或三个红灯前停下来，然后宣称一个城市所有的灯都是红灯。我们可能遇到两个或三个心情不佳的人，然后宣称所有的人今天都心情不佳。消极的人对问题持这种倾向。他们先是观察细节，这些细节表明已经、正在或者即将出现错误，然后他们从这些细节扩大化——所有的一切都错了，没什么是对的，永远都行不通。此时此刻，你必须回溯和澄清，回头开始处理细节。你对问题界定得越清楚，就越可能找到适当的解决办法。

一位女性参加了我们的一个讨论会，给我们讲了一个关于她丈夫鲍勃的故事，她把丈夫描述成一个消极的典型。幼童军（cub scout）正在策划一次去华盛顿市（Washington，D.C.）的旅行，两个组织者开始变得紧张，担心自己忘了什么。他们决定特地让她的丈夫参加一次会议，认为如果出了什么问题，鲍勃最有可能预先发现并指出计划中的任何问题。毋庸置疑，他的确未雨绸缪，甚至提出了恐怖分子攻击校车的可能性。但是回溯他说过的话并询问细节之后，他们也在几个真正潜在的问题可能发生之前就发现了这些问题，并在旅行开始之前就采取措施防患于未然。

第三步，把门开着。跟其他人相比，悲观主义者也往往会有着不同的时间观念。任何催促他们作出决定的努力都会迫使他们放慢脚步。催促得越急，悲观主义者就退缩得越厉害，直到让工作完全停顿下来，或许悲观主义者会变成齿轮间的沙子，最终会摧毁发动机。你可能禁不住诱惑，想要把他们撵走，排除在外，或者想要在他们面前把门砰的一声关上。但是，更加明智的行动路线是给他们时间去思考，把门开着，以便他们在做好准备的时候回转进门。

你可以用诸如下面的说法指出门会敞开着：“如果你改变想法，告诉我们”或者“当你想到解决办法时，回来找我”或者“你为什么不考虑一会，然后回来谈谈预防/解决问题的想法”。现代社会给我们所有人都施加了压力，要求我们用较少的时间完成较多的工作。但是，有时你可以在赛跑中胜出——不是跑得最快，而是在你面前拥有一条一览无余、畅通无阻的道路。如果你愿意在起跑线上放慢脚步，你实际上是在加速前进。在赛跑结束的时候，你也可能会得到丰厚的回报。

第四步，争取截然对立的回答。如果大孩子还没睡觉，你告诉一个两岁的孩子去睡觉，你会得到什么回答？截然对立的回答！他们说：

“我不想睡觉。”、

那么，去争取截然对立的回答，告诉他们，

“你不能睡觉，你必须熬整整一宿！”

然后他们说：

“但是我累了。我想睡觉。”

好消息是，这个方式对悲观主义者有效，可能因为他们已经处于敌对立场。我们曾经有机会观察一个技艺高超的治疗专家对一个灰心丧气的病人使用这一技巧，这个病人使出浑身解数要让治疗专家相信他已经彻底绝望了。所有其他的办法都宣告失败以后，治疗专家开玩笑似的同意了病人的说法，说：

“好的，你胜利了。我治疗了成千上万个缺乏幸福的人。你让我确信你是我见过的最绝望、最一文不值的人！”

病人看上去受到了震惊，思虑良久，然后回答：

“得了吧，我没那么不可救药。”

另一次，我们在场，一个首席执行官（CEO）对自己的助手抱怨公司的雇员有多么的效率低下、无能为力，连一件事情都做不好。他的助手脸上挂着极度真诚的表情，建议：“你是对的。让我们把他们都拉出去打靶用，把这栋建筑烧掉！”他的主意让首席执行官哈哈大笑，然后承认：“好吧，情况并没有糟糕到那个地步！”

在对付悲观主义者时，有两种方法应用截然对立原则。第一种方法是先于他们提出反面意见。“这是我的想法，我认为问题在这里。”悲观主义者听到你在现实地探讨自己的想法，可能会感到满意。第二种方法是，请赞同悲观主义者的看法，也认为局势令人绝望，并更进一步。坚持认为悲观主义者也无法找到问题的解决办法，向悲观主义者提出挑战。“你是正确的。局势令人绝望。其实，甚至你都无法解决这个问题。”当悲观主义者改变立场，告诉你问题可以解决，并告诉你解决问题的办法时，不要感到诧异。

第五步，认可他们的良好意图。如果你愿意把良好的意图投射到消极行为上，消极的人可能会开始相信起来。然后，那个分析性的完美主义就可以以一种更有用的方式表达出来。要下定决心，顺势而为，就好像消极回馈是为了有所帮助。要感激悲观主义者，因为他们有如此高的标准，因为他们愿意畅所欲言，因为他们关心细节。

当确实有所斩获的时候，不要脱口而出：“我就是给你这么说的。”相反，要把悲观主义者也拉入庆祝胜利的行列中来。即使在整个项目中，悲观主义者就是个累赘，你的一言一行也要表现得成功要部分归功于团队的力量。这有时可以极大地影响他人对悲观主义者的看法。更重要的是，悲观主义者看待人和事的态度会因此而改变。

我们知道有一个团队领袖在他的团队里利用这种策略对待悲观主义者。团队在四个不同的颁奖宴会上得到认可之后，悲观主义者把他们所有人都拉到一边，说：

“你们知道，对我们团队工作的所有认可都让我感动。有许多事情我一直坚信不疑，但是现在我不再固执己见了。我一直在想，或许你们终究是正确的。或许这证明了终究会有所斩获；证明了失望不是不可避免的；证明了人们可以奋发图强，克服困难。或许，确实……我还有疑问……但是或许……”嘿，一点改变促成了崭新的开端。

经典战例：击败难相处的人

“美俄曲棍球缓解”

在和新的队伍第一次打球的时候，里克确实努力对弗拉基米尔的消极性视而不见。但是，你还不知道的时候，他们就已经吵了起来。每次打球，里克都有不欢而散的感觉。和平是从每个人开始的，而且里克还与人合作写了一本书，探讨如何让低谷中人发挥出巅峰功效，所以，里克决定努力实现和平共处的目标。第二次打球的时候，里克建议弗拉基米尔两人在同一方打球。令人惊奇的是，他们两人球技互补，一起发生了良好的化学反应。弗拉基米尔在打曲棍球的时候有点完美主义思想，就像里克一样。他们在打球的时候都不太关心输赢，他们都喜欢齐心协力打出一场好球。现在，里克能明白弗拉基米尔为什么对其他所有人都感到失望。其他一半球员只想着胜利，不太关心如何赢得胜利，其他另一半球员不知道自己在干什么，这就是弗拉基米尔对曲棍球产生消极性的原因。出乎意料的是，里克觉得弗拉基米尔会成为让自己最难对付的人，但却发现与弗拉基米尔打球最有乐趣。他们一起共创佳绩。现在，他们唯一的问题是如何找到足够的人加入自己的球队一起打球，因为弗拉基米尔不断地吹毛求疵，让人受不了。

一天，里克对弗拉基米尔说："我想你是个体贴入微的人，他人学习提高球技你也放在心上。"

当然，弗拉德（Vlad）感到困惑，回答："啥么？"

里克解释："喔，显然，你非常关心大家球技的提高，因为你投入了大量的时间告诉他们不足之处。如果你不想让他们学习正确的打法，你又怎么会煞费苦心批评指正呢？对吧？"（规划积极意图）

弗拉基米尔说："我想……"

要让积极规划发挥效用，你就必须始终如一。所以每当打曲棍球时弗拉基米尔开始指责别人，里克就会靠近弗拉基米尔，说：

"感谢你帮助他"或者"好，现在他知道下次做什么了"或者"不久，我们就都要传球了"。

经过三个星期坚持不懈的积极规划，一个星期两次，一个晚上两个小时，里克和弗拉基米尔在更衣室见面了，里克决定检验自己的效果。他说：

"弗拉迪（Vladdy），你非常关心大家的学习……是吗？"

弗拉基米尔说："哒，真的。那么？"一旦悲观主义者接受了对他们意图的积极规划，他就做好了反馈的准备。

因此，里克说："你有没有注意到这里没人有所提高？"

接着是一阵寂静，弗拉基米尔想了一会儿，然后带着深深的忧虑说："哒，里克……你认为或许……喔，人们都是傻瓜吗？"

里克抑制住笑意，说："我不知道是不是傻瓜，但是，在交流的时候，我相信如果你的办法不能奏效，就要换个方法。我们给他们指出了不足。我们为什么不花两个星期的时间只告诉他们如何正确打球，来看看是不是起作用？"

喔，没有出乎意外，弗拉基米尔对这个想法不抱太大希望，但是他愿意一试。有趣的事情发生了。他注意到当他告诉人们如何正确行事时，他们就正确行事。当他给他们指出不足之处时，他们就继续犯错。他的行为越发关注积极事物，因此对别人也更有建设性。当其他人球技提高时，以前的悲观主义者弗拉基米尔成为了球队里的宝贵一员。

“消极性罐子”

我们认识一位经理，他受雇管理一个办公室。长期以来，这个办公室士气低落。这位经理策划和实施了一个英明的政策，来对付抱怨和消极性。如果有雇员说出一个消极的单词、想法，或者发一通抱怨，而没有提出一个建议，他或她就得往“消极性罐子”里投25美分。“消极性罐子”实际上是个大泡菜罐子，商标还在，罐子里还残留着泡菜的香味。放进这个坛子里的所有钱，都用于名为“谢天谢地，星期五了”的公司聚会。“谢天谢地，星期五了”公司聚会每个月举行一次。

这样做出现了两个显著的效果：第一，随着罐子被迅速填满，大家开始注意到自己以前有多么消极。这一视角对雇员们产生了重大影响。他们都逐渐意识到自己以前总是“愁眉苦脸”，看到了以前自己过得都是什么日子。第二，一月一次的聚会成为成效显著的打气大会，人人都乐此不疲。结果是，雇员们会夸大不同事件的消极性，作为借口，把更多的钱放进罐子里，以便举办规模更加宏大的聚会。消极性烟消云散，工作气氛发生了戏剧性的改善。聚会从星期五改到了星期一，更名为“谢天谢地，星期一了”聚会。经理基于效率的提高，说服公司为聚会出资。太棒了。泡菜罐子让出了橱子上的位置，取而代之的是一个纪念性的饼干罐，有几个字——每片乌云都有一道银色的边儿——闪闪发亮地印在盖子上。

小结

当有人变成了悲观主义者，

你的目标：转而解决问题。

行动计划：

1.随波逐流。

2.把此人用作资源。

3.把门开着。

4.争取截然对立的回答。

5.认可此人的良好意图。

18
牢骚大王

“糟透了。”辛西娅发起了牢骚。

约安深吸了一口气，抬起头来看着辛西娅，挤出一丝笑容。“是的，就如你说的，糟透了。”

约安开始在面前的便笺本上乱画。这是今天早晨辛西娅第五次打断约安。如果这还没有糟糕透顶的话，约安所在的单位里还有16个辛西娅这样的人。约安听说自己之前的经理提前退休了，因为她再也受不了这些人。约安错误地以为其他的经理是在借此调侃，故意危言耸听。约安痛苦地发现，就前任提前退休这件事，其他的经理说的是实情。约安好像无法专注于一件事情超过10分钟，因为总有人发牢骚。“我究竟怎样才能完成一件工作呢？”她自忖道。

“呀，辛西娅，那样的箱子和烤架真是太差了。”约安觉得如果自己对辛西娅的话表示赞同，辛西娅就会停止发牢骚。约安错了。

“你不知道有多差！”辛西娅又来了精神。“唷……”她开始旧话重提，添枝加叶地放大自己的痛苦。

这些抱怨完全是在浪费时间。约安觉得这些抱怨毫无意义。辛西娅的牢骚萦绕在约安的心头，约安内心也开始发起了牢骚：“他们为什么要这样做？为什么这事让我碰上了？”

在我们的生命历程中，我们都会听到三种抱怨：有用的、有益于健康的、惹人讨厌的。

有用的牢骚大王让人注意应当解决的问题，并在抱怨的同时提供选择和解答。这实际上可以帮助生意、系统和关系成长、发展和提高。大多数人在有问题的时候都保持沉默，不向气势汹汹的人抱怨。一些人对问题直言不讳并真抓实干，找到了解决方案。对于同事、家庭成员、雇主以及存在业务往来的公司，这些人都是大有裨益的。

另一类型的抱怨完全就是有益于健康的。我们都需要偶尔发泄、减负和吐露心中的郁闷之情。有时发点牢骚确实能帮助我们释放现代生活中的压力。把你的压力告诉别人就能提供一个珍贵的阀门，把淤积的块垒和积压的能量释放出去。

牢骚大王纠结在忧虑和痛苦之中，跟减压几乎没有关系，一刻不停地发牢骚。辛西娅就是这种抱怨狂。她从不提供解决办法，她的抱怨并不会导向任何改变。

当你通过理解的透镜观察，你就可以开始对这种难相处的行为有所了解。牢骚大王和消极的悲观主义者同病相怜。两种行为都源自认清任务这一意图。悲观主义者能看到事物的可行性和必要性，然后查看现状，如果现状达不到事物可行性和必要性的要求，此人就会对此悲观失望。在另一方面，牢骚大王很难看清事物的可行性和必要性，但却能看清过去和现在的不足。

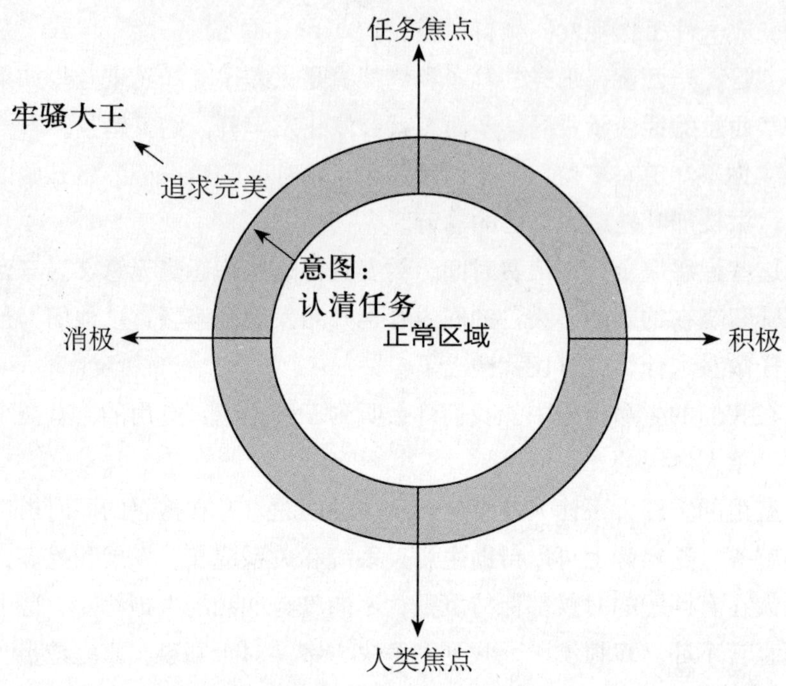

牢骚大王可能模糊地感觉到不该如此安于现状，却又不知道如何改变。因此，他们完全是茫然不知所措，无法有效地对付自己不喜欢的人，这就是他们去找你的原因。换句话说，如果他们的生活有一个计划，他们并不在其中！因为这种茫然不知所措的感觉，牢骚大王在说话时并没有悲观主义者那么斩钉截铁。三个因素使牢骚大王说话时总是唉声叹气：他们沉浸在痛苦之中，痛苦像一座大山一样让他们不堪重负，他们继续发现和搜集问题，肩头的重量也只会更大；当无计可施、山穷水尽的时候，他们不遗余力地谈论所有的错误；因为你可能不愿意提供任何有用的想法或者纠正错误，他们会觉得徒劳无益。

你最好调整你的态度

像约安一样，对付牢骚大王的人们有时自己就会变成牢骚大王。他们对付牢骚大王的痛苦因而呈指数级增长，也难以辨别是谁在抱怨。

有四个绝望的行为会让局势恶化。我们称其为反面应对牢骚大王

（Whiner Don't's）：

1.不要赞同牢骚大王，因为此举会让他们继续抱怨。

2.不要反对牢骚大王，因为他们会觉得你的态度迫使他们重复自己的问题。

3.不要设法为他们解决问题——你解决不了。

4.绝不要问他们为什么向你抱怨他们的问题。他们会把你的问话看成邀请他们从头再说一遍的请柬。

在态度上有三个要求，可以帮助你对付这个刺头。我们称其为正面应对牢骚大王（Whiners Dos）：

1.对于他们棘手的标准和好像无穷无尽的消极性，一定要有耐心。

2.对于生活失去控制的可怜的抱怨狂，一定要有同情心。

3.让他们聚焦于解决办法是个漫长的过程，一定要坚持不懈。

你的目标：组建联盟，解决问题

如果必须对付牢骚大王，你的目标是与他们为伍组建联盟，解决问题（如果此举无法奏效，你的目标就是让他们走开）！解决问题的人与牢骚大王的区别在于各自对待问题的态度：解决问题的人看待问题时，考虑到了解决问题；牢骚大王看到了问题，感觉茫然不知所措，然后夸大其词，脱离实际，放大问题的严重性。对于抱怨个不停的人，对于他身边的每个人，你最好与他合作，帮助他确定解决办法，排解他茫然不知所措的感觉。

持之以恒，坚持不懈，这一战略有时能一劳永逸地治愈牢骚大王。当茫然不知所措的感觉排解之后，发牢骚的也不那么必要了。

行动计划

第一步，听取要点。我们知道，有人向你抱怨时，你最不愿意做的就是倾听了！然而，要对付牢骚大王，你就得倾听。我们建议你倾听的时候手里拿着纸和笔，这样你就能把抱怨的要点写在纸上。以下几个原因促使我们提出了这个建议：第一，牢骚大王喜欢这个，因为这表明你在倾听。他们甚至会推断你接受了装满痛苦的邮包，并正在签收。第二，这会帮助你回溯和澄清，而回溯和澄清是这一战略的第二步。最后，写下了抱怨的要点，你就再也不用听牢骚大王的抱怨，因为如果他们旧话重提，你就能立刻辨认出来。

第二步，打断对方，着眼细节。机智得体地打断对方发言，以便控制谈话，并要求牢骚大王提供帮助。然后问澄清型问题以便得到问题的细节，因为模糊的问题很少能得到解决。查看罗列的要点，按顺序逐一搜集信息。牢骚大王会因此觉得你全神贯注地倾听了其发言，并觉得你完全理解了发言的内容。

有时，牢骚大王无法谈论细节，因为问题放在了装满痛苦的邮包里，还没有详细地检查。如果是在这种情况下，你可以指派（如果你的级别比他们高）或者建议（如果你的级别不比他们高）他们出去搜集更多的信息，并要求他们在特定的时间把信息带回来给你。这给了他们一些期盼，不至于沉浸在茫然不知所措的境地之中无法自拔。

第三步，把焦点转向解决办法。因为牢骚大王抱怨的时候经常夸大其词，一概而论，不分对象（比如，都错了。即便没错，也没人关心）。他们处理问题缺乏耐心，因而错过了解决问题的机会。一旦你开始逐一谈论每个抱怨的细节，牢骚大王就会发现自己面对的是一个个具体问题。这是个好机会，问他们："你想要什么？"对于一些牢骚大王，这个简单的问题有可能让他们的精神发生前所未有的改变。你可能听到他们回答："我不知道。"此时此刻，你要使用标准的"猜猜，展开想象的翅膀，如果你确实知道的话，来龙去脉如何"之类的回答，并用期待的目光看着他们。

还有其他的牢骚大王，在考虑你的问题时，可能会提出一连串不切实际的要求。比如：

牢骚大王说："我在做三个人的工作。我想再雇用三个人。"

你可能不得不说：

"是的。我知道你在努力工作。我们都知道埃比尼泽（Ebenezer）

不会再雇三个人。所以，问题依然存在，你想要什么？”

如果他们对问题的答案不切实际、滑稽可笑或者不大可靠，你就应该为他们提供一次直面现实的机会。有什么说什么，并再次询问：“基于这些事实，你想要什么？”如果他们提出一个合理的答案，然后问他们要做什么来实现目标。

第四步，向他们展示未来的蓝图。当人们觉得茫然不知所措时，给他们一些期盼对他们有所裨益。如果他们带给你的问题需要你来解决，你必须让牢骚大王了解事情的进展。你可以提出帮助此人与其所抱怨的人会面；你可以要求他们追踪问题，并要求他们以书面形式加以证明；对于雇员、同事或者家庭成员，你可以仅仅设定一个重聚的时间，以便进一步讨论问题：“显然，就这个问题而言，你知道的比我多。我建议你在接下来的六个星期里追踪这个问题。然后在某某日带着三个可行的解决办法和一个建议回来找我……然后，我们会采取下一步。”

第五步，划定最后界线。如果回溯、澄清以及询问发展方向没有给牢骚大王带来任何真正的改变，划定最后界线就成为了必要。如果牢骚大王卷土重来，喋喋不休地大发牢骚，好像没有停止的迹象，那么，你就要控制局势，坚决果断地让牢骚大王偃旗息鼓。如果牢骚大王抱怨个不停，你就要站起来，走向房门，平静地说：“因为你的抱怨好像提供不了什么解决问题的办法，所以，谈论你的抱怨对你我真的毫无意义。如果你碰巧想到了一些可行的解决办法，或者改变了对任何一个问题的想法，请让我知道！”不要让他用“但是……”和“你不懂……”诸如此类的话把你拖回周而复始的抱怨之中。阻止牢骚大王继续说下去，重复自己的最后声明：“我说过了，如果你改变了想法或者想到了一些解决办法，让我知道！”如果他没有领会你的意思，你就需要增加点非言语的信息，比如向他们指示门的位置或者走开。

■ 对于同事或者朋友，划定最后界线时一定要和风细雨：

“玛丽，我珍视我们的友谊，但是抱怨无济于事，毫无意义。如果你想要跟我谈论解决办法或者任何其他的内容，而不是向我抱怨存在的问题，我的房门随时向你敞开。”

■ 如果你是牢骚大王的经理，就应该控制局势，对牢骚大王的抱怨坚决地划定最后界线。跟这本书里讨论的任何其他行为相比，这一行为可能最容易破坏和损害士气与团队精神：

“如果你想谈解决办法，我尊重你的决定。但是我不想再听任何抱怨，我不想让你向周围的人抱怨你的问题引他们分心。当你做好准备聚焦于解决办法，我会来跟你谈的。”

经典战例：击败难相处的人

“烦恼书（The Trouble Book）”

在我们的一个讨论会上，我们遇见了凯瑟琳（Katherine）。凯瑟琳是一位经理，她的前任因为受不了无休无止的抱怨而提前退休，凯瑟琳从前任手里继承了17个牢骚大王，凯瑟琳决定让牢骚大王们发挥作用。6个月以后，我们接到了她的一封信，信中描述了她为解决牢骚大王问题所采取的奇思妙想。凯瑟琳把她的奇思妙想称作烦恼书。对他们公司而言，烦恼书就像是舰桥上的舰长日志。当一个人有了问题，此人不是向她发牢骚，而是必须使用烦恼书。

使用说明简单明了，张贴在书的旁边。

1.写上你的名字和当天的日期。

2.写出对问题的完整描述（得到细节）。

3.对问题提出三个可行性解决办法（如果给不出提议，凯瑟琳就不会阅读抱怨。只要有三个解决办法就可以，即使提议令人厌憎，凯瑟琳

也不在乎）。（把焦点转向解决办法）

4.第四栏留给凯瑟琳签上姓名的首字母，向抱怨狂表明凯瑟琳已经获悉抱怨和提议。

5.最后一栏是预期的结果，凯瑟琳写上自己为问题而正在采取的措施（向他们展示未来的蓝图）。

过了一段时间，大家开始注意到他们的抱怨得到了解决，提议得到了实施。他们那茫然不知所措的感觉逐渐消失。当他们遇到问题时，他们开始采取主动，甚至不再操心费事地使用烦恼书。凯瑟琳骄傲地告诉我们："他们17个人现在成为了宝贵的财产，锐意进取，着眼于解决问题。"

"伟大而又积极的墙纸玩笑"

乔是一个州政府办公室的总管。他没有一个具体的牢骚大王需要对付。在特定的某一天，他要对付为数众多的牢骚大王，他们轮番上阵，让办公室士气低落。一概而论的言辞在办公室里流传："这就是政府"，"什么都不曾改变"和"不管怎么说都没人听我们的建议"。

乔认为，要解决他们的态度问题就要驳倒那些一概而论的言辞。所以，乔从活动挂图上取下一页纸，放在墙上，并附上一个标签："局面正在朝更好的方向改变。"接下来的几个星期里，每当他实施了一个提议，他就写在墙上的挂图纸上。在三个星期的时间里，这张纸上写满了改变的证据，他把这张纸留在墙上，又紧挨着这张纸张贴上了另一张纸。一出现好的改变，他就继续罗列出来，两页变成了四页，四页变成了八页，直到整面墙都彻底被改变所覆盖。

然而，最大的改变并没有写到墙上。办公室的态度改变了。大家看到自己并不孤立无助，确实朝更好的方向改变了——甚至在政府里！大家不再关注玻璃缺的那一半，而开始看到还在的那一半。曾经烦扰他们工作的无助感，让位给了高昂的士气和除旧布新。

小结

当有人变成了牢骚大王，

你的目标：组建联盟，解决问题。

行动计划：

1.听取要点。

2.打断对方，着眼细节。

3.把焦点转向解决办法。

4.向牢骚大王展示未来的蓝图！

5.划定最后界线。

19

如果人们受不了你，怎么办？

与难相处的人通信

到目前为止，你或许已经认识到你在某些日子里也会处于低谷之中。那么，你该采取什么应对策略呢？你可以在接下来的信件往来中找出答案。

如果你是坦克，怎么办？

两位里克：

你们勇气可嘉，出口成章，一语中的，令我钦佩。自从参加你们的讨论会之后，我得出结论，我是个难相处的人。我认为难相处的人是因为不得不对付我才变得难以相处。是的，当我认为人们在浪费时间的时候，我就失去了耐性。但是我有很多事情要做，当我着眼于未来的时候，人们总是妨碍我，拖我的后腿。我做什么？不必躲躲闪闪，欲说还休。请实话实说。我能受得了，我的抗打击能力还是挺强的。

乔・谢尔曼

亲爱的谢姆（Sherm）：

喔，首先，要认识到，就完成任务而言，耗时最长、效率最低的方法可能就是击败别人。停止浪费时间。考虑下面那些问题的答案：你这样做就真能完成任务吗？什么任务？以什么样的代价？你身边的人害怕你吗？这是你想要的吗？你是个登高一呼应者云集的真正领袖，还是一个微不足道的独裁者？在解决问题的同时，能否不留下一路的尸体？

我们明白你肩负使命。你已经有所斩获，想要扩大战果。你不想让任何事情拖你的后腿。你害怕前功尽弃。如果你觉得做领袖好像比做独裁者强得多，你就应该使用附录里面的态度调整策略。如果你认真对待完成任务，就要研究那些确实功成名就之人的传记和自传，向他们学习，以他们的成功作为你行动的基础。以他们为榜样，改变你自己的历史，并适应这个想法。

如果你是狙击手，怎么办？

亲爱的难分彼此的里克（Frikand Frak）：

对一个人而言，有些人变得越来越重要，有些人变得无足轻重。一些人言出必行，一些人满口的仁义道德。一些牧羊人喂养羊群，一些牧羊人剪下羊毛。我不是要说你们两个无足轻重或者谎话连篇，但，嘿，你们一定是双胞胎。没人能这么愚蠢。

特里（Tree）女士

亲爱的特里女士：

我们有没有发现一丝嘲讽的音符？没有，没有。这就是一个交响音乐会，在演奏着你的歌曲。坏狗！滚到角落里趴着去。实际上，作为一个狙击手，你已经很少有真正的朋友了。每次你狙击的时候，人们可能想你是第一次喝了啤酒。事实是你有着严重的言语障碍。这个障碍就是你的大脑。但是，让你感觉不爽并不能帮你改变。那么，你怎么才能改变呢？

首先，如果你对狙击的对象有什么怨恨和不平，你可能会想省去许多麻烦，告诉遭你狙击的受害者，一了百了。我们建议你先承认狙击的责任；第二，你对起初的情况采取了一定的看法和反应，你也要对此负责；最后，描述让你苦恼的根源，并要求想要的东西。

然而，你那根深蒂固的怨恨可能并不是针对某个特定的人。你狙击的缘由可能是：拖拖拉拉的人让你不耐烦，某人的想法显然拙劣不堪让你生气，总是浪费时间的人让你生气。另外，一天之中，形形色色的烦心事越积越多，最终让你在第二天发泄到别人身上，寻求报复。

无论如何都要详加考察狙击行为是如何击败你其他的重要目的。或许你是个经理，想要了解手下的看法，但却无从着手，因为他们害怕成为你的靶子。认清这一点可以产生变革的动力。

有时你可能出于娱乐而狙击，你那粗鲁而又（在你看来）风趣的言辞真的没有什么恶意，你认为："嘿，如果你不能嘲笑自己……就嘲笑别人吧。"你要记住交流的意义在于你得到的回答。换句话说，笨蛋，如果你想要对人友好，而对方却不这么看，那么，就表明对方不领你的情，你应该换个方式。问问他们喜欢什么，投其所好，如果你"偶尔忘记"，允许他们提醒你。

如果你是万事通，怎么办？

先生们：

当我参加你们的讨论会时，我确信你们讲不出什么有价值的内容给我听。毕竟，我拥有数个商业学位，相当高效地经营着自己中等规模的公司，谢谢你们。但是，我承认，你们的少数想法好像有点道理，不过，我觉得大多数人都智商不足，无法成功地应用你们的想法。以你们之见，你们项目的哪个部分——如果有的话——对我本人来说最有价值？

谨上

I.M.庞珀斯（I.M.Pompous）

亲爱的庞珀斯先生：

你应该知道，珍视知识之人要想得到知识只能兼收并蓄，从善如流。毋庸置疑，你投入了大量的时间才有了目前的知识积累。可能你也发现了，你知道的越多，不知道的也就越多，需要知道的也就越多。

每个人都有可能增加你的知识，让你更加睿智，因为人人都有过人之处。当讨论想法的时候，要记住这一点，不要把他人排斥在外，搞清他们实际上在说什么。有人会提出愚不可及的想法，根本不会奏效，但是让他们提出这个想法的标准可能是无价之宝。

就你的态度而言，我们建议你怀着一颗好奇心，对人们之间观念和行为的不同能够欣然接受。在信息时代，只需点一下电脑按键就可以在几微秒之内浏览整本百科全书，智慧比知识更有价值。智慧不是来自年龄，因为从婴儿时期就可能产生大智慧。和心灵相连的勇于探索的头脑才能产生智慧。

如果你是三脚猫，怎么办？

亲爱的朋友们：

嘿，多么欢乐的聚会呀。我在你们的课上得到了一些很好的玩笑。我迫不及待地要把这些玩笑用在办公室的家伙们身上。但是，我要告诉你们，对付难相处的人简单得很。当他们难以相处的时候，就直盯着他们的眼睛，并告诉他们“听起来像个个人问题”！明白吗？

但说真的，我跟人们相处面临的唯一问题，就是他们对我的态度问题！我从不会无话可说，只会有一群群虔诚的听众！甚至当我犯了错误，我也有非常充足的理由解释为什么百密一疏！但是，任何人都没有对我不敬。有任何建议吗？

聪明先生

亲爱的聪明先生：

我们至少能想到三件你还不知道的事情。

（1）如果没有一开始就试图掩饰，承认错误没什么丢人的。一认识到你的信息不足，或者一认识到你的想法欠考虑，只要承认就足以让你在同事眼中重获尊重。

（2）如果夸大其词对你只是个小问题，那么从根源着眼，去应对夸大其词这个问题就能收到丰硕的成果。根源是你希望得到别人的喜爱和欣赏，但是这个愿望落空了。你可能想做点什么来提高自尊，因为自尊心低落经常是三脚猫行为的根源。找顾问咨询一下。敞开心扉，察纳雅言，力图改善你的工作和私人关系。就处理自尊心问题而言，要阅读相关书籍，听相关磁带以及观看相关录像带。

（3）最重要的是，在一段时间之内，要立足自我，不要太在乎别人的看法。人们可能认为你是个傻瓜，觉得你如果不是傻瓜的话就会开口说话消除问题。要习惯于享受沉默，当说才说。记住，赢得赞赏的最好办法是认可他人并真诚地赞赏他人。

如果你是手榴弹，怎么办？

致两个蠢才：

你们竟然还办节目，告诉大家怎么对付难相处的人。你们两个家伙真的让我……（脏话已删除）你们的整个节目里，我一直坐着看你们神气活现地走来走去，喋喋不休地鼓吹自己的哲学。我一直问自己：“他们觉得自己是谁？”但是，真正拉下保险钉引爆我这个手榴弹的是你们的说法：手榴弹恨自己。那么，我就是恨自己，怎么了？我自己的事情你们管不着，不是吗？像你们一样，我并不完美，怎么了？我有很多压力需要应对，比如三个放肆无礼的孩子、一个傲慢自大的老板、一个没有欣赏能力的职员集体、一个对我的态度不满意的妻子。实际上，我的妻子说，如果我不改变态度，她就会离我而去。她要是真走了，我该如何是好？这是我的事儿。但是我希望她回心转意。我不知道自己为什么还要费事写这封信。你们关心什么？除了这个……（脏话已删除），我还有很多事情要处理。别提了。

真诚的

唐普利特（Don Pullit）

亲爱的唐普利特：

吁！你在用带倒钩的线剔牙吗？从你说的话里，可以看出你通常总是不高兴。如果你带着信中那样的敌意走来走去，你的心脏停止跳动就只是个时间问题。这里有几个建议，可以让你改变态度。

为了作出改变，你必须确定自己作出改变的动机。动机可能是某种内部阳性强化刺激，比如过上更加幸福的生活。也可能是外部阳性强化刺激，比如为孩子们树立更好的行为榜样或者提升健康退休的机率。这种对动机的区分可以充当喷洒灭火系统，以免你的怒火失控。

你的下一步是搞明白自己的保险钉是什么，是什么拉下了你的保险钉，你怎么知道何时大发脾气。一开始，你的答案可能是："我不知道。"但是，给它一个机会。研究你大发脾气的案例。研究多种多样的情况，发现是哪种同样的导火索让你爆炸。然后，决定下次保险钉被拔下来的时候你想怎么办。你想怎样作出反应？在心里演练几遍，直到觉得应付裕如，水到渠成。

如果你只是偶尔变身为手榴弹，你可以考虑学着更早地表达自己的感情，基本上做到心平气和，而不是等到局面不可收拾，达到临界质量。接下来的几周花些时间开发你的能力，做到一有火星迸溅，就能恰当地表达自己。

如果你是老好人，怎么办？

亲爱的博士们：

哈喽，我的名字叫艾达（Ida）。虽然你们可能记不起来我了，但我真的非常喜欢你们的讨论会。我觉得你们非常有创见、非常体贴。我告诉我的每一个朋友你们是非常好的人。如果我能做点什么来为你们提供帮助，你们只需要告诉我一声，我会竭尽全力，在条件许可的情况下，尽量多地完成任务。

我确信你们非常忙，没有时间回信，但是没关系。我明白，你们可能想和家人或者其他人待在一起，他们更重要。我完全能接受这个事实。我不介意。我就是非常高兴能有这个机会对你们做一点了解。另外，写信可以吗？我是不是语无伦次。我还是停下来吧，我知道你们一定很忙。

热情的

艾达·格里（Gree）

亲爱的艾达：

感谢你富有思想内容的来信。收到你的来信令人高兴。你像是个非常好的人，这里有些非常好的建议。

你的挑战和机遇就是独立思考、畅所欲言，不要受他人想法的干扰。这并不像你想的那么困难。先要意识到虽然你想要取悦大家，但是你的希望经常落空。如果你主动提出帮忙，但又无法坚持到底，或者作出承诺，但又无法信守承诺，那么，那些失望的人们就会不可避免地感到不悦。当他们告诉你的时候，你可能并不相信，但几乎人人都真的希望你能诚实坦率，并实现作出的承诺。

比如，你有没有告诉售货员你会回来，但你知道自己不会回去。你可能不想伤害那个售货员的感情，但售货员空欢喜一场，浪费了宝贵的时间，指望能做成你的生意，却竹篮打水一场空。你最好直言相告你不喜欢这个产品或者服务。爱你的人也喜欢你能幸福，但是如果你不坦诚地告诉他们你想要什么以及你能做什么，他们就真的无法为你的幸福而奋斗。如果你总是把自己放在最后一位，对他人隐瞒你自己的思想和感情，你就剥夺了别人真正认识你的机会，结果就是没有真正的亲密关系。

我们建议你发展任务管理技巧，强化守约能力。学习如何设定目标并制订行动计划；学习如何确定活动的先后顺序，以便充分利用时间；学习如何假手他人，这样你就不必亲力亲为，事必躬亲；学习如何规划自己的时间，以便精确地估计时间并防止打扰和不期而至的危机使你流失时间。

此外，从小处着眼，训练自己变得坚决果断。在餐馆里，如果你的食物烹调不当，退回去。排队时，如果有人占了你的位置，告诉他们是你先来的。抓住每一个机会，让自己变得坚决果断。在工作会议上，要做第一个发言的人，或者成为首批发言人中的一个。

既然你真心关心他人，你可投其所好，取得最好的效果。不要忘了你自己，你也很重要。

如果你是和事佬，怎么办？

亲爱的里克和里克，布林克曼博士和基施纳博士，先生们：

我不确定这是不是我的问题，但是当你们问听众之中有多少人喜欢耽搁拖延的时候，你们是不是实际上想让我们举起手？因为我不确定，而且还没想明白，但你们已经继续下面的内容了。我当时确实没有举起手，但我想我是个办事拖拉的人。喔，至少有时候是。喔，我并不是下不了决心。嗯，好的，是这样。不管怎么说：我就是想，应该告诉你们听众之中至少还有一个办事拖拉的人，虽然举手的没有他（她）。如果有人没举手，此人就不是真正的办事拖拉之人。是吗？

真诚的

洛塔·多茨（Lotta Doubts）

亲爱的洛塔：

事实是，真正办事拖拉的人当时根本都没举手。那些举起手的人都是在开玩笑。

我们有许多，不，实际上只有一点建议给你。不断地提醒自己这些简单的经验法则（rules of thumb）：（1）任何决策都不可能尽善尽美。任何决策都有一些内在的难以预计的代价。（2）任何未作的决策最终都会自行作出决策。（3）处于困惑之中时，立刻决断。你可以在第一时间作出80%的决策，再了解更多的信息也没什么用处。只有15%的决策可以从更多的信息中获益。5%的决策则根本无需作出。

如果你担心自己的决策伤害别人，就向他们坦陈你决策时的担忧。表达担忧之情并关心他人的感情是个了不起的技能，只要你不会因此裹足不前。

我们还建议你开始注意你作出的优秀决策。比如，你决定写信，并付诸实施，写完了信件。你决定早晨起床，决定饿的时候吃饭，决定困的时候睡觉。你决定穿什么衣服和读什么书，每天都要面临一堆的选择。注意你的成功之时，告诉自己你能行，找到一个适合自己的决策系统。然后持之以恒，你就会发现决策越来越容易。

如果你是闷葫芦，怎么办？

亲爱的：

我不知道。脑子里一片空白。

真诚的

达斯蒂·布兰克（Dusty Blank）

亲爱的达斯蒂：

如果你有三缄其口的趋势，任何情况下相互冲突的感情都可能会让你一言不发。掩盖你的感情，回避冲突，只会延续你内心的冲突，制造你和他人之间的距离。距离导致隔离，隔离是亲密的反面。

负责任地表达你的情感，而不是埋藏你的感情，更有益于你的健康和幸福。如果你愿意直言不讳，改变谈话的方向，你就不必默默地忍受空谈妄言的折磨。当感觉到冲突的时候，如果你觉得不方便告诉陷于冲突之中的人，你可以找个信得过的人，开始谈话。有时，只需谈谈你的感受就能给予你足够的想法去解决冲突。

如果你变成了闷葫芦，避免他人的情感爆炸，缩在壳里苟且偷生，怎么办？采用本书早些时候提到的手榴弹战略会更有效，你和手榴弹都会少受些折磨。在你的生活中会有些感情用事的人，如果你和他们交流得多，你就越有可能避免大多数的炸药爆炸，因为缄默不语是最容易拉下手榴弹保险钉的行为之一。

处于人群之中的时候，鼓足勇气，大胆地说话。有时，你甚至有点想试着控制对话。一开始可能有点奇怪，但是你会适应的。更为频繁地向你所在乎的人倾诉自己的感情。采用下面的形式，心平气和地告诉人们你的烦心事：

当你（描述他们做的什么事让你难以应付），我觉得（描述他们的行为对你的影响）。将来，我希望你（现在，要求你想得到的东西）。

比如：

“当你这么大声说话的时候，我觉得你是在对我吼叫，而不是在跟我说话。将来，如果你能亲切随便地跟我交谈，我会心怀感激之情。”这样，你可以负责任地表达自己的想法，给人们了解你的机会，并加深彼此的关系。

如果你是悲观主义者，怎么办？

先生们：

写这封信有两个目的。第一，我不同意你们关于消极性的说法。如果消极性能防止人们犯愚蠢的错误和代价高昂的差错，消极性可以是个非常积极的东西。第二，我想质疑你们的假设，你们认为人们可以设定现实的目标并加以实现。在我的生活中，我认识的绝大多数人都实现不了自己的目标，只有极少数通常利用特权才能成功。

回这封信没有意义，因为你们没法让我改变想法。跟其他那些参加你们节目的人不同，我不喜欢通俗心理学，也不喜欢简单的成功准则。

痛苦的经历教会了我忍辱负重，我不会在你们的蛊惑下挺身而出，探出脑袋，成为挨枪子的出头鸟。

你们的不轻信的

威尔·格里珀（Will Gripe）

亲爱的威尔：

在每个人的生活中，都会遭遇一点风吹雨打。所有人都经历过艰难困苦，并因此归咎于准备不足。人人都曾经感到失望，人人都经历过不愿忍受的烦恼。消极性是一种必不可少的人生经历。现在，我们不想泼冷水。但是，当你思想消极的时候，你对人对事的看法可能有待纠正。

如果你真的想知道自己的所作所为，就随身携带一个录音机，并让录音机处于开机状态。当然，让录音机开着会戏剧性地改变你的消极性水平。随着时间的推移（或者流逝），留意一下，如果没有录音机，自己会有多少次消极行为。然后，当你听磁带的时候，想想你的消极性是磁带录音上的两倍。

顺便说一下，你想让你的生命之舟向哪个方向航行？当你回顾自己的所作所为，回顾自己的所得所获，你有没有考虑一下自己的一生之中能有什么样的成就？“我毕生致力于偷盗人们的精力和动力。”这不是个值得骄傲的遗产，而是个裹尸布一样的遗产！看看你周围，飞机、电视、汽车，人类所有的发明创造和成就业绩。所有的这些舒适便利都得益于敢想敢做的人，而不是畏缩不前的人。敢想敢做的人有时还会把貌似不可能的事情变成现实。有些人选择成为解决办法的一部分，而不是问题的一部分，所有的这些舒适和便利也得益于他们的辛苦努力。有时，在面对你难以想象的障碍和危险时，人们能发现存在于自身之中的求胜欲望。你也可以找到，但你必须要有寻找求胜欲望的决心。

我们建议你就人生中的痛苦时刻做个变化历史练习。列举出最大或者最痛苦的失望。问问自己现在知道些什么，如果当时就知道这些，你的生活是不是可能有所不同。获得资源，以更加强有力的方式重温往事。从往事中吸取教训，让失望灰飞烟灭。所有的事情都肯定会过去。

如果你不把它们放在心上，你就不会与它们同归于尽，烦心事也就会成为过眼云烟。我们建议你阅读，再阅读关于态度的那一章。使用你在那一章里找到的所有技巧，直到能驾轻就熟为止。你可能想得到一些专业的帮助，想找个顾问或者治疗专家帮你革旧布新，解决问题。一方面，生命短暂，不必为了过去而悲悲戚戚。另一方面，你可以用生命中剩余的时光弥补失去的光阴。

在你与他人的关系中，不要对他人妄加指责。反馈帮助人们改善自己的表现，就其本身来说是个积极的事情。指责很少能得遂所愿，反而会火上浇油。当人们提供建议，或者与你分享想法和成果时，在就如何改善提出反馈意见之前，要先注意到并谈论其中的闪光点。搜集信息以便了解得更多，尤其是标准。你可能查明了重要情况，指出具体而又确凿的瑕疵是解决问题过程的重要一步。但是，不分青红皂白的一概而论往往会把洗澡水和孩子一起倒掉，所以强迫自己具体而言，就事论事。最后，让人们知道你想发挥建设性的作用。如果他们认识你已经有一段时间了，你就要给他们时间，让他们相信你真的变了。

祝一切顺利（或者祝所有烦恼烟消云散）。

如果你是牢骚大王，怎么办？

亲爱的基施纳和布林克曼：

啊呀，不好。这个节目太复杂了。需要学的东西太多了，又进行得太快，记不住。不仅如此，但是如果人人都学这个，这个可能就无法奏效了。即使能奏效，也不很愉快，因为人人都会知道你在干什么。此外，还有些其他书籍、录像带和讨论会宣称能告诉你如何对付难相处的人，但是他们和你们的观点不尽相同。还有个问题，就是会误解你们告诉我们的内容，处置失当，因而后果严重。你们不知道你们的节目造成了多么困难的局面。

真诚的

莫娜·洛特（Mona Lott）

亲爱的莫娜：

和悲观主义者一样，任何事情你都喜欢吹毛求疵，而不是探索解决问题的办法。你可能也能发现自身的缺点。如果你想跟过去再见，让自己的面貌焕然一新的话，你有四个选择：

1.切换到问题解决模式。反复唠叨自己不想要的东西就像倒车躲避前方的障碍。相反，问自己："我想要什么，我想在哪里着手，我可以设定什么目标？"

记住，你不能盲人骑瞎马，漫无目的！写下具体的目标。

2.再次观察，或者更现实地观察自己周围的世界。打破凡事一概而论的习惯，细化为微小的细节。这些细节你可以切实地看到、听到和感觉到，还可以对其采取措施。跟悲观主义者相比，实干家很少浪费时间对情况作出反应。相反，他们把精力用在追求他们认为可能的结果上。

3.注意并欣赏你生活中的活动以及你取得的成果。在你的人生道路上，你也许经过了许多里程碑，但并未察觉到。因而，你丧失了乐趣和活力，而乐趣和活力总是与成就自然结合，相伴而生。在重要位置为自己张贴一些便条，写上："记得去欣赏。"

4.与其感到茫然不知所措，发牢骚，让你周围的人发疯，不如把上面的三条付诸实施。我们相信如此会更令人满意。所以，下次你开始抱怨时，停！承诺做点什么，什么都行，只要不发牢骚就行。然后，你和你身边的所有人就能一劳永逸地解决它。感谢你的来信，如果你改变了想法，告诉我们！

第四部分
数字时代的交流

我们揭示了电话交流与电子邮件的局限和陷阱，向你展示如何采取一些预防措施把陷阱变成有利条件。

20
交流与技术的挑战

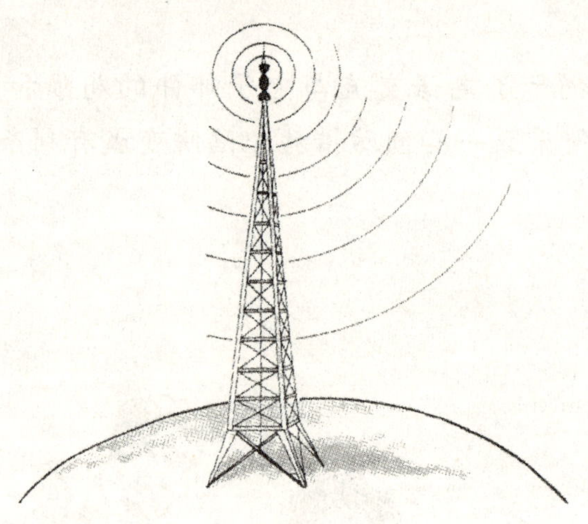

面对面的交流一直很有挑战性。现在，由于现代科技带来的便利，甚至良好的关系都可能变质，你和他人之间的问题可能会以空前的速度恶化！从第一章到第六章，我们讨论了求同存异，表现出赞同之情的重要性，这一讨论是基于一个基本的假定：“没人愿意和可能的反对派合作。”面对面交流提供了许多收发信号的方式，这些方式可以表现出赞同之情。然而，电话和电子邮件交流阻塞了部分信号，他们强化了其他的信号，提供了一些重要的有利条件和不利条件。

在本书的这一部分，我们会揭示问题的本质，提出战略，以减少冲突，提升电话和电子邮件交流的质量。

“意思的数量化”

早在1967年，加利福尼亚大学洛杉矶分校（U.C.L.A.）教授艾伯特·迈赫斌（Albert Mehrabian）博士就研究了人们表达感情和态度之时，言语信息和非言语信息的相对重要性。*他注意到大多数人在许多时间里都在发送混合信息，并希望得到理解，但是别人怎样才能理解呢?

在研究中，迈赫斌为表达感情的人拍摄了影片。对影片中的同一个互动，他制作了三个不同的版本，并把这些版本呈现给一组人。他们观看了无声的影片。他们听了影片的声音，声音经过了音响合成器的处理，说话的内容无法辨析，但是音调、音量和速度还能听得出来。然后，他们读了一个书面文字记录，记录上是影片中人物的原话。

他发现这些人中大多数人都认为他们经历了三个不同的互动：一个工作会议，人们彼此发泄怒火，朋友们在交谈。他们惊奇地发现所有的这三个版本都来自于同一个互动。基于他们的反应，他作出了如下结论：

他人在表达感情和态度的任何时候，人们理解的55%的意思是基于所看到的东西。

38%的意思是基于声音（音调、音量和语速）。

7%的意思是基于所说的原话。

我们亲切地称其为“55、38和7”，如果你喜欢的话，也可以称其为“意思的数量化”。我们相信，从总体上看，这些意思的数字对理解交流大有帮助。

现在，从许多方面来看，这些数字也应该不奇怪。毕竟“眼见为实”和“行动比言语更响亮”之类常见的表达法证明了55%具有较强的影响力，这55%是非言语交流中的视觉部分。电视导演好像也意识到了

---

*《寂静的信息：情感和态度的含蓄表达》（*Silent Messages:Implicit Communication of Emotions and Attitudes*），作者艾伯特·迈赫斌，第二版，沃兹沃斯出版公司（Wadsworth Publishing Company），1990年出版。

这一点！可能你看过原版的《偷拍》（Candid Camera）电视系列节目中的几集。节目主持人艾伦·丰特（Allen Funt）制造了一个个有趣的剧本，传达混合信息，然后拍摄无防备之人的处理方式。在一个节目中，他把许多男女演员塞进了医生的候诊室。演员们读着杂志，等候医生，但是他们只穿着内衣。真正的病人走进候诊室，先是感到震惊，然后脱掉衣服，捡起一本杂志，边读边等待医生！这就是要表明（这是个双关语）我们与他人互动时的视觉元素非常具有强制性。因此，有些家长偏要警告孩子："照我说的做，别模仿我做的。"但却徒劳无益，原因就在这里。

38%的交流是根据对方说话的声音，声音通常反映了对方的情感状态，并发送了一个自我信息，这是关于你的私人信息，对你如何理解混合信息起着重要的作用。

像在第七章里提到的那样，人们会把你说话的腔调跟他们自己联系起来。电话里的技术支持人员可能在为你提供上佳的建议，但是他的嗓音好像在说："你这个笨蛋！"你可能在告诉朋友合理的路线以便来参加你的聚会，但是你那急匆匆的口气好像在说："你就不能快点？我还有更重要的人物需要交谈，还有更重要的事情需要做，而不是在这儿和你叨叨个没完！"

你使用的原话可能只占某个特定交流意思的7%，但是，我们都知道一个微不足道的单词也可以充当扳机的角色，或者成为一个"流行语"，引发整个连锁反应！

曾经有一位病人告诉我们，当她还是个小女孩的时候，附近的孩子们折磨她。他们给她起了个绰号"驼鹿"，并残酷地说了一遍又一遍。30年后，已经成为了专业人员的她和一些同事出席了一个鸡尾酒会。"驼鹿"这个单词在一次随意的交谈中蹦了出来。眨眼之间，她的感觉全变了，鸡尾酒会成为了鸡肋。那个说"驼鹿"的人也让他非常讨厌，她只能一走了之。这种反应对她没有什么有意识的意义，但在潜意识里，这种反应代表了一种强烈的不安全感。因此，许多成年人不愿把童年的绰号告诉别人。

知道55、38和7，最大的益处在于能帮助你记住人们在理解彼此的时候按照什么样的优先顺序，还能帮助你记住混合信息导致误解的可能性。

任何时候你所看到的、听到的与他人的原话有所不同时，就有可能出现问题。甚至在面对面交往中，如果一个人所说的与对方所听的有所不同，也会出现一个普通的混合信息。如果在争吵时，丈夫尖叫着宣布对妻子的爱："我爱你！你不明白吗?！"她很可能不敢苟同。然而，如果我们检查一下这几个单词本身："我—爱—你—你—不—明—白—吗"，好像没什么问题。不过，如果说话时怒容满面，声嘶力竭，行为本身与音调和音量就搭配不起来了。当搭配不起来时，人们往往会按那个较高的数字回应。

腔调往往会揭示一个人的情感状态，即使此人不想表露出来，也只会欲盖弥彰。假设你对所看到或者听到的有强烈的情感回应。你可能想要进行积极互动，你的良好意图可能试图压下你的感情，把你的感情推到一边，偏离正道。问题是，当你的有意识的头脑在忙着挑选词语表达自己时（那7%），你那被压制的情感往往会通过你的腔调泄露出来。你并不幸运，接收你交流的一方可能会忽视你精心挑选的言辞，只对你的腔调作出回应。为什么？因为每当遇到混合信息时，人们常常会回应55、38和7这三个数字中的较高数字。

有失，有得

当你打电话或者写信交流时，你失去了微妙的视觉线索，而视觉线索可以帮助你解释听到的内容。你看不见对方的相貌，她也看不见你。一些人知道你在倾听他们说话，因为当他们说话的时候，你看着他们的眼睛并点头示意。但是，这些信号都无法通过电话传送。结果是，你可能是在点头，但是对方没想到，你已经去拿一杯咖啡了！在书面交流中，你失去了55%和38%，只有文字留了下来。就对方的声音做天马行空的想象，甚至以此为事实作出反应，都是相当自然的。

和在生活中一样，在交流中，有失，可能也有得。在这种情况下，电话交流和书面交流都有些巨大的优势，超过了表面上的劣势。如果你意识到了这些优势，并利用这些优势，你就能提高交流成功的机率。

21

电话交流的八项预防措施

当你通过电话交谈时，你就丧失了视觉线索（那55%），而视觉线索可以帮助你理解听到的内容。

在电话里，交流的理解依靠那38%对方说话的声音和那7%对方说话的内容。那55%怎么了？当面对面互动的视觉元素被移除时，人们常常虚构自己的心理形象。我们假定你在电话上和素未谋面的人交谈。你听到的声音可能让你想起了其他人，或者让你想起了你个人历史中的其他时候。或者你可能把音调、语速和音量与某种特定的人联系起来，当然，这种联系是基于你自己的经验。所以，你在脑海中创造了形象，形象来自你听到的声音，然后你根据在心理形象中看到的东西作出回应。你有没有和这样的人见过面？以前你只和对方电话交谈过，而他或她与你期待的形象大相径庭。原因就是，在现实面前，你心目中自以为真实的形象土崩瓦解！现在，假定你在头脑中自顾自形成了一个形象，而这个形象是跟负面感情联系在一起的。你认为当你理解自己读到的文字时，这个形象会影响你吗？你认为自己听他人话语的方式会影响你的反应吗？当然，事实恰恰经常如此。

这里有八项预防措施，可以让你把电话转化为有利条件。

第一项 形成感知

电话交谈可以归结为一个个短暂的时间段，这些时间段形成了感知。所有的电话交谈都是一串时间段：当你或他们接电话时你如何致以问候，当他们告诉你情况时你如何回应，他们对你回应的回应，当你让他们别挂断电话等着时你说话的内容和声音，反之亦然。在这些时间段里，你或是在增进关系的融洽程度，或是在降低关系的融洽程度，可能在简化下一个时间段，也可能在把别人对你的要求复杂化。在这些时间段里，滑稽的是，这些时间段和真相没大关系，却和感知息息相关！

当任何事情千疮百孔的时候，你可以认为自己做得完美无缺，因为电话交谈中没有视觉反馈。你可以相信自己所说和所做的都是错误的，而跟你谈话的人却感激你付出的时间。因此，你应该假定自己不知道对方要如何告知你。然后，使出浑身解数积极感知电话另一端的人。比如：倾听对方在电话里的讲话时，做个记录，可以非常容易地记下自己听到的内容。但他看不到你在记录，所以，如果你在线路的那一头悄没声息，又没告诉他你要做记录，他可能会觉得忧虑不安。对方说到什么时，你可能在微笑，但是如果你不向对方指出你在微笑，他可能永远不会知道。你可能担心他向你描述的问题，但是如果你不告诉对方，对方就会胡思乱想，认为你漠不关心。

具有讽刺意味的是，进行成功的电话互动几乎不费吹灰之力，即使对方举止怪异也无所谓。想想吧，这些小事会起到重大作用，而如果你处理不好，就会成为大问题。所有人际关系的精髓都可以归结为一个简单的事实：以小可以见大，四两可以拨千斤！小事会增加——优势和劣势。比如，就一件事情，人们只需要两个或三个例子就可以作出归纳。在两个或三个红灯前停下来，有多少个灯是红的？所有的灯！遇到两个或者三个心情不好的人，有多少人心情不好？今天，所有的人都心情不好！一旦人们形成这种归纳，他们会自动地而且有意识地去寻找符合这种归纳的自身经历。

你有没有在电话上告诉一个人你的名字，但一会儿之后，她问你叫什么？你有没有在电话上告诉一个人你的电话号码，不久，他又问你要电话号码？对于此人的聆听技巧，你作出怎么样的归纳？一旦负面印象形成，受这个印象的影响，凡是能往坏处想的都会往坏处想。

归纳可以对你有利，也可以对你不利。并且，归结起来就是这些渺小的时间段在起作用，这些时间段形成了感知，以小见大，四两拨千斤。

第二项 用你的身体控制腔调

你有能力控制自己说话声音中的情感反应。就电话交谈而言，这种能力是最大的优势。你的口气跟你的身体是相互联系的，你的身体动作会对你的腔调产生影响。这或许是为什么一些最为成功的电话推销员会在办公桌上摆上镜子，并做上标记提醒自己要微笑。

你可以利用这一点为自己谋福利。当你发现自己在电话交谈中有点太紧张时，后仰，把脚翘起来，摆出一个放松的姿势。这种放松可能会对你的腔调产生显著的影响。当你想让自己听起来更自信或威严时，你可以站起来，两腿分开，与肩同宽，表现得既稳健又有力。你还可以膝盖略微弯曲，给自己增添一点灵活性。当你想让自己听起来随便时，你可以靠在桌子上。

实际上，跟面对面交流相比，电话让你更容易控制自己的情感反应。汉克是一家高科技公司的技术支持代表。他告诉我们，如果心烦意乱的顾客出言不逊，让他开始觉得受到了人身攻击，他会采取一些措施加以应对。他向我们讲述了这些措施。他戴着的那副耳机，让他可以从椅子上站起来，走来走去。所以，在应对咄咄逼人的客户时，他做瑜伽的伸展动作！这帮助他放松，因为当他做瑜伽姿势时，他根本不可能觉得受到了人身攻击！无可否认，如果你在和难相处的人做面对面交流时做瑜伽，你大概会让她困惑得要命。在大多数情况下，往坏里说，这一行为好像是在发疯；往好里说，这一行为不合时宜。幸亏电话创造了一面保护隐私的盾牌，让不落俗套而又高度有效的行为战略得以实施。这些行为战略可以改变你的情感状态，以便获得更多的成效。

马西（Marci）为一个政府部门工作，需要通过电话接受一次广播采访（radiointerview）。一开始广播的时候，她感到紧张，因为以前她从未接受过广播采访。更糟的是，大家都知道，进行采访的记者对这个政府部门怀有敌意。马西听说过一个说话技巧，专业的节目主持人有时用这个技巧来与紧张情绪作斗争，他们设想观众仅仅穿着内衣。她决定反其道而行之。她在家里接受了采访，一丝不挂。无论采访记者多么猛烈地刺激她，她都不上钩，因为她始终对这个非常私人的玩笑报以微笑，并通过自己的腔调表达了出来。马西并不幸运，她的表现给办公室里的每个人都留下了深刻的印象，他们一致认为以后所有的采访都由马西承包了。

第三项 为了生命而呼吸

有意去呼吸可以非常有效地控制你的情感反应，而无需把情感反应压制到委屈不平的状态，这种委屈不平的状态可能会暴露和破坏你在以后时间段的努力。注意自己的呼吸，吸气时激励自己，呼气时放松自己，线路那端的人只会听到你偶尔回溯和澄清。面谈时，不太深的呼吸可能让你感觉舒适。跟面谈不同，打电话时可以做更深的呼吸。因为在面谈时，这种行为可能引起对方的注意，引发负面反应。你可能想要猛按下静音键，喘几口气。如果你没有静音键，当对方说话时，你把听筒从嘴边拿开，做几次像样的深呼吸。电话的优势，呼吸！

第四项 标绘路线

跟面对面地对付暴躁好斗的人相比，电话交谈时做记录也更容易。如果你被愤怒地抨击，你可以写下他们说的关键词和短语，并利用这些短语做有效的回溯。你甚至可以写下关键词，以便在轮到自己发言时提醒自己想要回答的内容。这种记录成为了一个有用的地图，你可以利用这个地图实施我们在本书第三部分提供的行为战略，或者，你也可以用这些记录返回给互动一些理性。你也可以把做记录当成一种发泄手段，线路另一边的人可能举止恶劣，你的情感回应就可以发泄在记录上。按照想象中的他的容貌，画出一幅傻傻的图，给他画上角，加上胡子，在画上乱涂，然后用“×”号把脸全部画掉。当你需要对付失控之人时，可能你确实学到了幼儿园里的全部功课！

第五项 知道何时暂停，何时结束

暂停键可以成为你的朋友，但也有使局面恶化的危险。因为等待就在暂停的另一面！大多数人的整个生活都与你们之间的关系毫不相干，花在暂停上的每时每刻都是一个浪费，这些时间本来可以用在可能更有成效的活动上。什么使等待难以忍受？不知道要等到什么时候。如果一个人事务繁多，又不知道你什么时候回来，对他来说，两分钟就像一个小时！一般说来，在让一个人等待之前，先征得其允许，并告诉她大概要等多长时间。如果她不喜欢这个选择，给她一些别的选项。

如果有人的行为举止像坦克，那么，让此人暂停有可能会让问题升级。记住，坦克前进迅速，任何需要时间的事物、任何好像不相关的东西，都可能被视为挑衅。如果你要让坦克暂停，先要陈述这样做的目的，以及这样做如何符合坦克的利益。我们在第七章里称其为“为了被理解而诉说”、一个“对意图的陈述”。“为了迅速解决你的问题，我需要与他人交谈。只需要花费一分钟的时间，最多两分钟。我能让您暂停一下，或者我打回去好吗？”

陈述意图：“为了迅速解决你的问题……”这与坦克对行动的渴望相调和。通过提供一个时间范围（即“只需要花费一分钟的时间，最多两分钟”），你给了坦克一种控制等待的感觉。毕竟，你可以确信坦克不肯一天到头等待。但是，要确保你给出的时间范围切实可行。不要告诉坦克“只需要花费一分钟的时间”，但却用了四分钟，因为你回来的时候，坦克已经准备好大发雷霆了。请求允许并等待回答也与坦克的控制欲做了调和。让坦克决定你是否打回去，也能收到同样的效果。可以有把握的推测，坦克有地方要看，有事要“做”，有人要“对付”。

另一方面，对付手榴弹的时候，暂停给了你巨大的优势。手榴弹战略中的第四步是“休息一下”。因为手榴弹一点儿不喜欢失败，所以你使用暂停键可以给他们一些私人时间平静下来。如果你曾经必须在电话上对付手榴弹，并把电话递给另外一个人，接过电话的那个人可能会发现线路那边是一个更加正常的人。或者，你可以总是编造借口挂掉电话，并让对方知道几分钟后你会打过去。当你打过去时，你会发现你要对付的人有点平静了，也更加理性了。

有时，你发现自己接起了一个人的电话，而这个人已经被暂停很久了，那么，你就要准备好调和，承认他们等了很久并为此带来的不便表示歉意。“我知道你暂停了很长时间。我真心为带来的不便表示歉意。你想谈什么？”迅速调和，然后放眼前方，对方很有可能停止纠结于过去的事情，转而聚焦于打电话的原因。

第六项 发送正在倾听的信号

通过你发出的信号，别人可以知道你在倾听，但其中的许多信号都是看到的而不是听到的，比如目光接触、点头、做记录和意味深长的表情。既然你不能通过电话发送这些信号，那么你必须确保转而发出言语信号表明你正在倾听。

没有意味深长的表情，但是可以有意味深长的咕哝：“嗨”、“啊”、“啊呀，不好”、“呀”、“你在开玩笑！那么，发生了什么”，你可以说部分单词、部分短语，因为你让人们知道你就和他们在一起，在侧耳倾听，但你还不想打断他们的话。

就像我们在第五章里讨论的那样，回溯总是重要的。但是，在电话里，回溯的力量可以倍增。记住，当你回溯的时候，你不仅让一个人知道你在倾听，还赢得了一些时间去思考下一步你想问什么或者说什么，思考你想怎样控制谈话。

当你做记录的时候，回溯让对方知道你依旧在线。然而，如果悄没声息的话，可能会让对方错误地以为没人在听。

第七项　即使没有准备，也要让人听起来胸有成竹

有时候，人们碰巧在电话上告诉你个人信息。这种情况下，记下来，以备将来参考，因为这些个人细节可以让你营造关系。然后，在打电话之前，或者接电话的时候，你可以查检这些细节，并把这些细节用作参照依据，以便告诉对方你珍惜和她谈话的机会。

注意：不可一心二用。和人交谈时，不要走开去上网或者打游戏，除非你想给他们留下清晰的印象：你没听！

第八项　你可以闭上眼睛

电话交谈的第八个优势：你可以闭上眼睛集中注意力，但别睡着了（如果你不想让录音机记录下你偶尔发出的呼噜声）！当你闭上眼睛时，你可以消除视觉干扰，这可能确实能帮助你集中注意力倾听。当需要精确交流的时候，当正在交流复杂艰涩的细节时，当过去的经验告诉你对方会考查你听到的内容时，闭上眼睛可能会对你有用。

有一个办法可以闭上眼睛充分倾听。第一，先是假设你一无所知。在你的脑海里构想一个空白的写字板。然后，让对方的话为你的思想提供细节。如果有什么遗漏，你都可以回溯，问澄清型问题，并填写在空白处。在面对面交流时，你不能长时间这样做，在倾听时闭上眼睛自然是电话交流的良好选择。

额外的优势：处理个人卫生。通电话的时间里，处理你的个人卫生。你不可能面对面地做这些事情，但是电话有一个明显的优势，就是你可以自由地挑剔、传递、拉扯、拔出、抓挠、揉搓和调节。需要我们说得更多吗？

就这几项预防措施而言，电话是个优势，就等着你去开发。利用这些预防措施，你就有可能避免对付十大令人生厌的人物而采取林林总总的对策，就像本书第三部分提到的那样。

至此，我们已知无不言，言无不尽！我们下一个聊天室见，哦，我们下一章见，讨论电子邮件，以及如何防止你的收件箱起火烧毁！

小结

当你通过电话交流时，

你的目标：记住电话交流的八项预防措施。

行动计划：

1.形成感知。

2.用你的身体控制腔调。

3.为了生命而呼吸。

4.标绘路线。

5.知道何时暂停、何时结束。

6.发送正在倾听的信号！

7.即使没有准备，也要让人听起来胸有成竹。

8.你可以闭上眼睛。

22

电子邮件交流的八项预防措施

我们会再说一遍！在人际交往中，不同的交流方式有失也有得。就电子邮件而言，你失去了非言语和听觉的那一套信号，这套信号能给交流的文字增加颜色、深度和维度。真是个大损失！没有那55%和38%，剩下的7%就成为了互动的100%。更糟的是，你基于对对方声音的想象，人为获得了38%的错觉！

但是，使用电子邮件和留言板（messageboard）之类的电子交流工具，我们赢得了时间这一要素！书面交流，别管多么紧急，一般都不要求达到面对面交流或者电话交流所需的那种即时互动回答。即使在点回复之前你只用了几分钟，你也可以用这为数不多的时间放松、澄清，然后发送一个合理且经过深思熟虑的信息。

在“从前”，根据是多远的从前，给另一个人写信意味着坐下来使用纸和羽毛笔；纸和钢笔；然后是纸和打字机；然后是纸、打印机和电脑。写完信之后，你可能再读一遍，改正错误，然后再写一遍，知道信一旦发出去，就收不回来了。如果你对写的内容满意，你就把信放进信封，投进邮筒，然后等着信被分拣投递。用了这么多时间之后，你可能仍有时间在邮车到来之前跑到邮筒那儿把信拽出来！写出一份书面文件是一个漫长的过程，但也给人们带来了优势，人们可以有充足的时间思前想后，进行彻底而全面的考虑。一封信花了这么多时间。有时，在这么长的时间里，一个人可能会认为回信没有意义！

信息时代改变了这一切。从本质上说，写信是个思考的过程，也是个费时的过程。但现在，你可以复制、粘贴、引用、回答，跳过打印环节，直接发送，而所耗费的时间仅仅几分钟。以前，可能几个月过去了你的信件还没有投递给收件人阅读。信息时代，时间加速了，几个月变成了几天，甚至一天（一夜之间就投递了）！而现在，电子邮件可以即时在网上投递。电子交流手段日新月异，但误解也随之越来越多，如影随形。只有在你故意选择的情况下，时间才会站在你那一边。

电子交流迅速快捷，只是数量过多，日复一日增加的电子邮件使这唯一的问题更加突出。数量惊人的电子邮件位和字节（bitsandbytes）涌进每个人的收件箱，压倒了许多人的感情。可能你收到的电子邮件越多，你可以用于仔细阅读和回复一个信息的时间就越少。如果你一天回50到80个信息，你就极有可能开门见山，直奔主题，省略了非电子互动的社交辞令。而非电子互动属于那个不那么狂乱的时期。谈话的开头不再是："嘿，你好吗？有什么新鲜事吗？叽里呱啦，叽里呱啦，叽里呱啦……"现在，开始就说："对你信息的回复。做这个，做那个。这是要去的地方。"腔调和面部表情中友好或者失望的细微差别不见了，所以，收件人看不到发件人的情感。不过，阅读一条信息的人自由幻想发件人的情感倒是司空见惯。这反过来又影响读件人阅读时的激素水平和血糖水平。来自以往信息的任何引文都经常下落不明。结果是，匆忙写就的文字表达了错误的意思；善意的幽默由于表达不清，被误解成了攻击或恶意的玩笑；偶尔说起了一个有多重意思的事物却被错误理解，当成了冷嘲热讽。下面的事情频繁发生，已经见怪不怪了：上下文和信号的缺失成为了冲突的焦点；这种缺乏明确含义的句子被曲解，歧义随着时间增长而与原来的意思相去甚远。

然而，导致电子信息冲突的另一个因素是：人们在电脑屏幕前编辑信息，他们的思想成为了一个个孤立单词。其他人的迅速反馈可以起到优化作用，但如果没有了这种反馈，互相通信的两个人就会缺乏社会的抑制，而这种抑制会以另外的方式促使一个人“三思而后说”。可能你想起了马克·吐温的告诫：“与其张开嘴巴证明自己确实是个傻瓜，还不如一言不发，让人把你当成一个傻瓜。”可悲的是，孤立状态下编辑的单词发送了出去，而发件人本该自己再好好想想。电子邮件允许用更刺眼和粗俗的措辞表达一个人的真实想法。

所以，在缺少视觉线索和听觉线索的情况下，大量的信息、礼貌社会优雅言辞的缺席、盯着屏幕时人性的缺失、随性而为而不是投入时间考虑如何回答，这些电子误解成为了错误交流的流行病。

利用时间的优势

电子邮件发出的时间确实是由他人定的，但什么时候读、什么时候回复就由你说了算。我们听说过许多关于回复邮件的逸事，匆忙回复的邮件产生了强烈的副作用和可怕的后果。就像发令枪一响千船齐发一样，当你按下发送键，损害也就已经造成了。所以，我们的第一条建议简单明了：不要匆忙冲动地回复任何甚至可能有情感内容的电子邮件，绝不要在电子邮件互动中发出带有强烈感情内容的信息。

一个感情用事的电子邮件应该利用起时间优势，而且你必须利用这一优势。毕竟，你的感情只是你自己的。你的精神状态或者对某个话题的看法，可能让你对所阅读内容的强度和意义产生误解。匆忙发送的信息会产生不良影响，需要用较长的时间去处理，而一封经过深思熟虑的回信反而花的时间要少。

当你收回时间优势，你可以利用时间优势对付阅读邮件时的情感反应。时间让你安全地回应配偶（如果在你厌倦了与人为善之时，家是你的避风港湾）或者朋友（在感情上，朋友能容忍你的大叫大嚷）。同时，你可以考虑和再考虑你从活动中最终想获得什么。时间允许你起草第一稿，并进行修订，以备第二天进行下一步。时间允许你打开这本书，翻到合适的一章，找到最佳战略，然后字斟句酌地回答，以便利用最佳策略。

还有更好的效果。你在花费时间的同时，也给了对方一些时间。昨天，对方可能表现得像个坦克，想要把你轰到路边去。在等待回复的时候，你给了此人一天的时间离开压力重重的地带，调整血糖，对付其他引发他们攻击的麻烦事。花费时间去回复，你就更可能有效地交流，收信人也就更可能了解你的真实意图。优势是你的！

有时，本书早先提供的对付人们难相处行为的战略，也是同样可以用于你的书面交流。可能在面对面互动之后，你才意识到自己到底想说什么，因而心神不安。对你来说，不幸的是时间太短，而且为时已晚。面对面直接交往时，你容易觉得自己处于坦克的“炮口之下”，在狙击手面前张口结舌，与万事通交往时自惭形秽，对和事佬怒不可遏。但是，在电子通信中，当你收回了时间优势，你就赢得了澄清和自控的优势。

也许更重要的是，误解让你自己和他人深陷泥淖，举步维艰，如果你想一开始就避免误解，那么，就要在使用电子邮件时，把时间拉回到你这一边，把澄清作为你的第一要务。

通常情况下，一盎司的预防等于一磅的回应。所以，花点时间，把这八项预防措施应用到你的电子通信之中。

第一项 发泄，但不要发出

有时你需要回复一个使人激愤的信息；有时你可能觉得急不可耐地想要说些什么，而且你确实忍不住要脱口而出了；如果你对心中的每件事都想大闹一通，进行报复，那么去做吧，只是不要发出去。

用激烈的言辞发泄情感能收到难以置信的治疗效果，甚至能把感情释放出来。当你把激烈的言辞与他人分享时，就会出现危险。行动引起反应。如果他们不得不对付你的反应，你可以相当肯定你也要不得不对付他们的反应。近年来，一些新的术语在网络上出现了，以表述难相处的行为。这一段时间，你可能经常会碰到一个词——火焰，比如火焰战争，这个词组里就有火焰这个词。

如果有人有意或者无意向别人发送了刺激性或者侮辱性信息，火焰就可能迸发。有意的信息就是火焰。但是，良好的意图铺就通往地狱的道路，所以一个没有恶意的信息可能引发愤怒的回答。如果接收信息的一方认为你发来的是火焰，那么信息接收方以牙还牙也并不罕见。火焰就这样点着了。一个人发送火焰，火焰引发了对方的火焰，火焰又引着了火焰，直到幼稚轻率的情绪在大地上熊熊燃烧。硬话一说就很难收回。

我们的建议？无论你多想趁热打铁，都要压住自己的怒火。如果你确信信息发出者需要感觉到热度，就把充满你发泄产物的信息作为草稿，并进行修改，直到你需要说的内容得到了准确的表达，但是一定要等至少一天。

从这本书的一开头，我们就要求你问问自己对付他人是什么目的。就电子邮件而言，要花费时间重新考虑你想要什么以及你需要什么。你需要一场火焰大战吗？你真的需要花费时间担心下一条信息吗？你需要焦虑不安，担心自己造成的破坏吗？我们不这么认为！别让自己困在麻烦的世界里。发泄，但不要发出！

第二项 再读一遍

如果你认为自己正在编辑的信息有可能导致或者增加冲突，那么，别管你花了多长时间编辑，再读一遍都符合你的利益，要确保你已经删除了所有可能制造冲突和误解的关键词和词组。在你敲发送键以前，所有的信息都应该再读一遍。把你的信息当做第一稿，而不是制成品。把信息存在发件箱，或者把文本放在文本编辑器里以备将来复查。

第三项 换个时间再读一遍

更好的是，在决定完成回复之前，在一天里另外找个时间把收到的电子邮件再读一遍。因为在一整天里，血糖起起落落，同样的文字可能给你带来不同的感觉。你甚至可能注意到第一次阅读时遗漏的词和词组。想当然的回复可能并不是个好的选择，你最好发一条信息问清问题。要竭尽所能确保你理解了所阅读的内容并理解了对方这么说的原因。

第四项 征求别人的意见

如果你误解哪条信息，最好让别人也看看，这样，你就能搞清你是不是漏掉了其他可能的意思。你可能会觉得惊讶，完全相同的词句别人竟能作出不同的解释。让别人看看你的回信也没什么妨碍！让此人在你编辑回信之前给你反馈告诉你可能的回答方式，或者至少让此人在你最终决定发信之前就你写的内容给出意见。

第五项 始于意图，终于指令

在第七章“为了被理解而诉说”，我们就指出，一开始发言就谈及陈述积极意图具有重大意义。在这方面，电子信息是一个强大的媒介，因为会一直清晰可见，能给信息的其余部分提供上下文。信息的开头就先清楚地陈述意图，这样，在深入阅读你写的内容之前，接收信息的人就能知道你写信的原因，以及你想达到的目的。然后，在信息的结尾陈述指令。告诉收信人你想要他们在读信之后做些什么。

如果你的意图是向收件人提供无需回复的信息，一个简单的“请周知，无需回复（FYI）”放在电子邮件信息的开头就可以了。收件人就会知道你在向他们提供无需回复的信息：“请周知，无需回复。我写信给你简单介绍我从事找个项目的历史，因为我想最好让你知道，在即将到来的会议上我需要你的帮助。”

现在，收信人在阅读的时候就会知道他们一点也不用回复。但他们会转而领会信息，并准备好考虑你的求助请求，考虑在会议上给予帮助。

给你的信息加上虎头和豹尾之后，你就提供了一个信息丰富的视角，使你的文字意义丰富，表达出你的意图。

丹尼尔（Daniel）是一个小组的一员，这个小组想升级一个网站。丹尼尔发现了一个非常喜欢的网站，觉得这是一个非常好的范例。他给同事们发了一条信息说："检查这个网站。我觉得它很多方面都非常出色。告诉我你们怎么想的。"收信人不知道丹尼尔具体认为什么如此"出色"，也不花时间去澄清，所以，他们就按照自己对"出色"网站的理解去完成丹尼尔交给的任务。玛格丽特（Margaret）从网页设计（Webdesign）的角度观看这个网站，立刻就开始怀疑丹尼尔的智慧能否能参与这个项目。"这是他想象中的出色网站？"她心里想，"它违背了许多最基本的智能网页设计理念！我不确定是不是要让丹尼尔参与这个项目。"另一方面，卢卡斯（Lucas）看了网站的内容，大失所望，萌生去意，几乎当场退出这个小组。哈丽雅特（Harriet）看了网上冲浪的效果和使用的舒适程度，感到心情愉悦，就立即发给丹尼尔一封信，提出建议：如果他认为这是个出色的网站，那么，他一点都没有表现出洞察力，因而别人会非常怀疑他参与项目的可行性，而且她确信项目的进展也会因此遭遇较大的困难。接着是一通电子邮件，情况更糟了。最后，这个小组召开电话会议才解决了问题，丹尼尔得到了机会具体说明他喜欢网站的哪一点以及他想让他们看到什么。

这个问题原本可以防止。他如果不是笼统地给出指令，而是告诉他们自己提出要求是何意图，并告诉他们自己具体想让他们评估网站的哪个方面，并在最后发出指令告知如何反馈评估意见，那么这些误解就有可能完全避免。"亲爱的同事们，我想让你们从市场营销的角度查看下面的网站。忽略设计和内容，而是看他们如何给访客提供机会与网站互动，还要看他们如何使消费者可以在任何一个界面都可以买到他们的商品。然后，给我回信，告诉我你们是否发现了什么可以用在我们自己网站上的东西，以便提升互动性和产品销售。"

对于丹尼尔起初的要求，丹尼尔的同事原本也可以作出不同的回复。他们可以使用电子邮件"听和理解"，而且丹尼尔让他们评估网站的时候，他们原本可以澄清丹尼尔的意图，并让丹尼尔就如何回复发出指令。这里的整个课程简单明了：始于意图，终于指令，你就可以避免问题复杂化。

第六项 早引用，多引用

当你在未提及具体单词或者词组的情况下对一条电子信息笼统作答的时候，读者可能把你的话用在他们或你信息的任何其他地方。笼统回答产生的问题是，他们会产生截然不同的回答，跟你的设想大相径庭。在本书的第五章，我们讨论了在面对面交流中，用一个人自己的话进行回溯的重要性。回溯是一个强大的方法，可以为问题或者陈述提供上下文。回溯在电话交流中也有巨大的价值，可以把一长串一长串的词语变成有意义的想法，并与其他有意义的想法相关联。实际上，跟其他的任何交流形式相比，电子通信中的回溯都更容易一些，因为你可以切实地用对方的话解释对方的意思。互联网和电子邮件交流的先锋们已经开发出了一种回溯方法。要回溯的话，你只需在他人写的文字前面加上右半边补注号>。这一符号现在一般被当做引用通信人话语的标志，这一符号也能帮助他们了解你在回复什么。

在电子信息中，引用还有其他效用。你可以使用引用补注号质疑一个单词、词组或者句子的意思。

比如：

当你说：

>让我们看看你能不能把这个弄对。

我不知道你是在冷嘲热讽，还是在戏谑玩笑！是哪个？

你也可以用引用来提供选择。

你写道：

>让我们看看你能不能把这个弄对。

如果你这里是想讽刺的话，那么，我的回答是：

千真万确，哦，让我们玩骑马游戏，我当马头，你就当你自己。

在另一方面，如果你是在跟我戏谑玩笑，那么，我对你的回答是：

（大笑）（LOL），是的，我会竭尽所能不弄得一团糟。；–)

第七项　更好地理解感情符号

什么带给我们了电子邮件的另一个宝贵交流机会。电子邮件刚出现的时候，一套叫做感情符号的网络符号就在网上普遍应用了。这些符号还有个绰号“表情小脸”，在收发电子邮件时，你可以利用这些小符号来表明自己的情感状态。这给你的文字增加了语境信息，降低了被误解的可能性。

感情符号	意思
；–)	眨眼，意思是你在开玩笑
：–)	微笑，意思是高兴
：–(	皱眉，意思是不高兴

在我们先前的例子里，发信人可以使用感情符号来明确文字背后的意图：>让我们看看你能不能把这个弄对。；–)

接收信息的人扫一眼就能明白，这些是友好的言辞，而不是宣战的檄文。

因为并不是每个使用电子邮件的人都知道感情符号这种简略的表达方式，所以，你应该让每一个与你通信的人跟上时代。感情符号于是就变成了共享的语言形式，而不是一个私人玩笑。但是在以文本为基础的网络世界里，我们相信，用这些表情小脸给你的话增加一些感情，可以增进乐趣，减少冲突。这里是最流行的一些感情符号：

感情符号	意思
：–o	惊讶
：–@	尖叫
：–I	冷漠
：–e	失望
>：–/	暴怒
：–D	大笑

:-$ 说话算数

:-P 伸出舌头表示轻蔑

就口语而言，用表情小脸说话的方式不止一种。比如：

完整版本		缩写版本
:-)	高兴	:)
:-(	皱眉	:(
;-)	眨眼	;)
:-O	吼叫/震惊	:O

利用表情小脸，你可以表达为数众多的感情，数量之多令人吃惊。你还可以增加一些常用的缩写形式，来提供更多的感情和意义：

符号	意思
BFN	再见
BTW	顺便提一句
<G>或<Grin>	咧嘴而笑
HTH	希望这个能帮上忙
IMO	以我之见
IMHO	以敝人之见
LOL	大笑
OTOH	另一方面
ROTFL	笑得在地上打滚
YMMV	对你来说可能就不一样了
RTFM	读读烦人的手册
TTFN	再见

当然还有。

RSI	重复性过劳损伤（写了太多电子邮件就会有这种症状）！

第八项　慎开玩笑——好开玩笑的人注意了

有趣，不是吗，遇到有趣的事情时，人们的反应竟是千差万别？我不是想说你在电子通信中要始终一本正经。去，开个玩笑吧！别忘了，幽默可以帮助人们在困境中重获洞察力。但是，记住，一点玩笑能起大作用，但是需要对方接受才行。一些形式的幽默，比如双关和其他的文字游戏，是在缺少那55%和38%的情况下发挥效力的。其他的幽默完全取决于口气或者面部表情。就幽默而言，一个人的垃圾是另一个人的财宝。如果你不了解对方的幽默感，就给他或她幽默一下，他或她可能会认为你的幽默是垃圾，这真是引火烧身！要想知道书面材料怎样才能收到幽默的效果，我们建议你阅读戴夫·巴里（Barry）或者丹·拉森（DanLarson）的几乎所有作品。为什么？因为我们认为他们真的有趣！如果你不这么界定有趣与否，你可能最好避免在电子邮件里开玩笑！当然，萝卜白菜各有所爱，其中原因难以说清。如果你确实知道在幽默方面有人与你口味相同，你可以按照自己的想法与朋友分享笑话，或者跟同事开玩笑。但是，如果有困惑的话，别开玩笑！

充分利用时间，节约你的时间

把这八项预防措施付诸实施，你就可以节省时间，否则，你就得把这些时间浪费在负面反应和误解上。你不需要阅读我们的书籍《设计的生活》，来认识到还有比在网上闲聊更中重要的事做。毋庸置疑，收回时间优势可以让你在对付他人时节省时间和精力。而这些时间和精力可以更好地用在其他地方。

小结

当通过电子邮件交流时，

你的目标：记住电子邮件交流的八项预防措施。

行动计划：

1.发泄，但不要发出。

2.再读一遍。

3.换个时间再读一遍。

4.征求别人的意见。

5.始于意图，终于指令。

6.早引用，多引用。

7.更好地理解感情符号（表情小脸）。

8.慎开玩笑。

可以在www.TheRicks.com找到。

后记

如何善用本书，积跬步而至千里

这样，我们到了本书的结尾，你也即将开始对付让你难以忍受的人。我们希望，凭借学到的东西，你能够更容忍难以相处的人，并成功地让低谷中人发挥出巅峰功效。为此，你要善用本书，积跬步而至千里。

这里是一些简单的行动步骤，你可以立即实施：

1.立志成为有效的交流者，抓住一切现有的机会学习和试用这些技巧。无论是在看电影还是在出席会议，只要你记得去寻找，你都会发现一些例子，人们使用或者忘记使用本书的技巧和战略。

2.与伙伴（或者伙伴们）合作，伙伴（或者伙伴们）也和你一样急切地想要学习。我们就是这么做的！和伙伴一起分享资源，比如这本书，你们在讨论的时候就会有共同语言。一周见一次面，讨论先前工作中你的所观、所学和所试。与交流伙伴的例会比任何其他行动都要有用，在让你注意开发和提高技巧的同时，它还可以提醒你注意。

接下来就是最后一步：

3.数数你的幸事。如果你能有幸阅读这本书，你可能已经比这个地球上80%的人都要幸运了，你可能已经习以为常了。你可能头顶有屋顶，有足够的食物，有你关心的人，也有人关心你。生活是困难的。即使你不悲悲戚戚，压力重重，生活也实际上充满了艰难困苦。如果，今天，甚或现在，以及每一天，都记得数数自己的幸事，你就会有力量和重点，可以享受难相处的人带给你的挑战。

这本书勾勒的交流战略并不是旨在用作解决关系问题的应急措施。问题酝酿的时间越长，你需要投入的时间和精力就越多，才能扭转局势。当你开始应用这些态度和战略的时候，可能轻易成功，也可能劳而无获，可能有所斩获，也可能有所失落。成功或者失败不那么重要，更重要的是你有了更多的选择和机会，而不是逆来顺受。现在，你让自己成为未来行为的主宰，而不是他人行为的牺牲品。虽然你改变不了其他任何人，你的灵活性和知识可以帮助人们改变自我。在对付难相处的人时，献身和坚持必然带你走向成功。

难相处的人是每个人生活的一部分。显然，有史以来他们就与我们在一起。当时，上帝说“要有光明呀”，难相处的人就第一个来到了世间。从此，他们就一直存在，发动战争，卷入冲突，逃跑，指责和撤退。然而，我们每个人都能做点什么来减少误解和消除冲突，误解和冲突是这个世界的顽疾。实际上，人类的未来可能依靠我们每一个人求同存异。从这个意义上说，此时就是让低谷中人发挥出巅峰功效的时候。我们的孩子从我们的努力中看到了他们的未来。他们要求我们做个好榜样，做正确的事情，并且竭尽所能，让生活更加美好。所以，下一次，你对付让你难以忍受的人时，记住这个：人生是一场考验，实际上还是一个紧急情况。好运。

附录

如何改变你的态度

要有效对付让你难以忍受的人，对于你生活中的问题人类，控制住你自己的态度至关重要，你必须能接受他们的真实性情。但是，当你想哭的时候，怎样才能鼓起勇气坚持立场？当你面对坚决反对的时候，怎样才能勇往直前？当你想攻击的时候，怎样才能克制住自己？当你需要调整态度的时候，怎样才能做到，这样你就可以有效地回应难相处的人，或者不太恭敬地说，半自动地回应难相处的人。

答案在于一种机制。按照这种机制，你从一开始就确定了针对刺头的态度。考虑一会儿，当让你难以忍受的难相处的行为再度开始的时候，你的反应有多么的迅速和自动。这种刺激—反应机制每天都在你思维里反复上演。而且，大多数时间里，它的作用都是积极的。你知道某一支歌曲、或者一幅图画、或者一缕芬芳怎样让你回到过去的美好时刻。同样，负面的经历会让你对现在的物体和经历产生可怕的关联和恐惧的反应。至少有两个因素强化了刺激—反应机制，重复和强度。对于让你难以忍受的人，你可以有意识地利用这些因素改变自己的反应。

改变你的反应

第一步是确定你想要什么。什么样的态度能帮助你与刺头和睦相处？你想平静、自信、果断、放松、耐心、坚决，还是关爱他人，还是兼而有之？给应对办法一个名字来描述它。如果你能给它命名，你就能拥有它。

现在，努力在你的生活里找到时间和空间，利用你所选定的态度。如果你觉得自己缺乏所需的应对办法，就从他人那里获得。模仿他人是你与生俱来的技巧。还记得吗，你父母所说和所做的有些事情，你发誓绝不模仿，但你是不是已经模仿了？发生了什么，你模仿了那些行为。

如果你知道有人对付你的刺头颇有心得，把他们找出来，问问他们是怎么做的！他们想了什么，他们怎么看刺头，他们对自己说了些什么。成为一个寻求应对办法的侦探，弄明白他们内心是一个什么状态，让他们采用与你截然不同的办法对付刺头。不断问问题，直到你完全明白，能在心里演练你的发现。采用这种新的内心状态，排练你与刺头相处的情景，直到能如臂使指，驾轻就熟。

你选择的榜样无论是你认识的人还是不认识的人，无论是电影明星还是政治人物，都无关紧要。你的榜样是书中或者电影的人物也无所谓，没必要非得是活生生的人物。唯一重要的是，你认为榜样的态度和行为值得学习，而且你想把榜样的态度和行为当做应对办法。

最后，你习惯性地在脑海里积极地回忆过去和展望未来。你越逼真地想象不同的回应方式，内心想象的次数越多，你和刺头的友谊就越牢固。

在对付过于暴躁好斗的老板时，一个上了年纪的病人玛吉遇到了问题。她经常觉得他待她不公，但是她鼓不起勇气采取任何行动。所以，日复一日，她听着他冗长的斥责，耗尽她的自尊，有时还会哭泣。玛吉的失意与日俱增，健康恶化。她告诉我们："对于老板，她需要更加果断。"

我们问玛吉，要有效对付她的老板，她需要什么。她说她需要更加果断。我们问在她生命的其他地方，她果断吗？她一个都想不起来。所以，我们问她是否认识可以搞定老板的人。她说："凯瑟琳·赫伯恩（Hepburn），她才不听我老板胡说八道呢！"然后，我们让她设想办公室里凯瑟琳·赫伯恩坐在办公桌旁，老板走了进来。并不奇怪，凯瑟琳·赫伯恩应对得当。玛吉观看、倾听和学习，然后自己排练了一下当时的场景，就好像自己是凯瑟琳·赫伯恩一样。在对付老板时，她反复把自己设想成凯瑟琳·赫伯恩，加深了与老板的友谊。

第二个星期，她说取得了"20%的进展"。她说在对付老板时她果断了一点，但是真正让她震惊的是在餐馆里她把烹调不当的食物退了回去。她说有生之年她还从未这么做过，但突然之间就不假思索地做了。

玛吉形成了重演过去烦心事的习惯。每当与老板的互动让自己不满时，她就会回想一下，设想用自己喜欢的态度与老板互动。一个星期后，她已经完全高兴了起来。她的老板开始发脾气，只经过片刻犹豫之后，她就告诉他：她想得到尊重，她知道他能够做到，而且她期待着将来能得到尊重。然后，她转身走出去了。想想，她的老板该吃了一惊吧！

她告诉我们，这一点想象给她的最大帮助就是凯瑟琳·赫伯恩好像有的那份自尊。赫伯恩的自尊让她能优雅地站起来，勇敢地面对玛吉的老板！玛吉说，不知道什么原因，看了这一部心理电影之后，她的老板看起来矮小了。认识的改变帮助她从新的角度看清了他的大叫大嚷。她第一次意识到他那么对待她的时候是多么局促不安，第一次意识到他的大叫大嚷几乎跟她个人没有关系。

改变你的视角

你看待情况的方式会戏剧性地改变你的态度。

你有没有梦到过什么东西在追你，然后，在某个时刻，你在梦中的视角改变了，你不再奔跑，而是在观看自己奔跑。这里，有两个不同的视角。一个是观看的经历，通过你自己的双眼去观看，这叫做联合。另一个，你从第三者的角度体验自己，称作分离。你也通过这种方式记住记忆和经历。你可以在记忆之中，通过你自己的眼睛重播记忆，并从内部感受这段经历，好像身临其境一样。或者，你可以从记忆中分离，从远处观看，并对此产生想法和感受。

我们建议你把自己从不愉快的记忆中分离出来并从记忆中总结经验教训。有许多分离技巧可以供你利用，远离不愉快的事和难相处的人，并调整你的观点：

■ 你可以把难相处的人这个问题和生活中更困难的时刻相比，或者和假想的最不利的局面相比。跟失去一条腿相比，与失去爱的人相比，与彻底发疯相比，对付此人算得了什么？

■ 你可以在心里超越这个问题，并把自己推向未来。在未来，这个问题根本无关紧要。我们称其为阿兰·基施纳技巧，以里克·基施纳的爸爸命名。在危机时刻，阿兰说："从现在起百年之后，它能有什么影响？"

■ 你可以在心里编辑记忆，就好像在编辑一部电影。试着编辑一段记忆。回忆你上次与最难相处的人的会面，在你的头脑里像放电影一样播放，从影院的最后一排观看。让记忆更小更远。去掉图像的颜色，变成黑白影片，看看是否减少了烈度！从后往前放。剪切并重新编辑记忆，使之成为一个新的片段，并用来和朋友交换。

■ 通过严格的自律，你可以使自己具备一些品质，成为公正无私、态度客观的观察者，不受环境的影响。就在此刻，观察自己阅读本书，记下你的感受和想法。

■ 你可以重新规划问题，并改变经历的意义。特雷莎（Teresa）

在医院前面等公共汽车。突然，一个醉汉摇摇晃晃地走到她面前，手里拎着啤酒瓶子，开始告诉她他的故事。他的女儿在摩托车事故中失去了双腿。他为此感到指责，因为就是他为女儿买了摩托车。现在，他宣布，他要把自己醉死。特雷莎冲着他吼叫："嘿，你应该感到高兴，你女儿的肩膀上还有脑袋，她还可以思考和说话，她的双臂还能活动。就是现在，她需要一个父亲陪着她，需要一个坚强的父亲，而不是一个趴在排水沟里的醉汉。"眼泪涌上他的双眼。没有再说一个字，他吻了她的手，扔掉了啤酒瓶子，跑进了医院。

画面还是这个画面，但是规划变了。在新的规划下，画面有了新的意义。特雷莎给了醉汉另一个解读同一情况的方式。意识到他女儿的最大利益，找出了一个表达父爱的更好方法，这位父亲始终如一地按照这个新的观点行事。

让我们试着解读难相处的人的行为。如果放在一个积极的参照系里，每一个挡你路的难相处的人，都为你提供了黄金机遇，来发展你的交流技巧。你和一个不那么重要的人练习这种技巧，这种技巧可能正是你所需要的，你可以用这种技巧挽救婚姻或者对你弥足珍贵的一份关系。这样，难相处的人帮你挽救了婚姻和关系。如果你这样看的话，你就会立刻感觉好起来。

改变你跟自己说话的方式

你有没有停下来倾听你是如何用头脑里的声音与自己谈话的。你有没有对自己说过："真是笨蛋！我不相信这会发生在我的身上"或者"这种辱骂对我没有好处"！这些想法怎样影响了你的态度和行为？这些想法是对你有所帮助还是有所阻碍？

你想的会影响你说的，你对自己说的也会影响你所想的。就某个问题，当你改变对自己的说话方式时，你同时也改变了对问题的看法。我们建议你控制对自己所说的内容。意识到你对自己所说的内容，并用积极有益的想法替换消极的想法。当你倾听内心的对话时，要确保你的语言帮助你心想事成。

你必须学会有目的地跟自己说话，以便优化你的态度。你可以迅速做几个心理评论，帮助自己保持幽默感和对困境的视角。比如，这里是些名言警句可以说给自己听，我们会简单解释它们的真实性：

1．“我追求梦想，也珍惜现实。”在积雪下弯腰的树枝活着看到了下一个冬天，而抗拒积雪的树枝折断了。面对难相处的人时，你可能抗拒对方（与之斗争、努力改变对方、限制对方、抑制对方、撤退），但折断的通常是你自己。

不要误解我们。我们不是说你要做点什么来改变局势。但是，你一接受了实际的局势，就可以开始使用资源，采取建设性的行动来影响此人的行为。是什么就是什么，不是什么就不是什么，顺其自然。只有接受了局势，你才能开始瞄准有价值的结果。

2．“这份经历的某个方面是个机会。”可能每片乌云都有一道银色的边儿。但是人人都知道金、银和钻石是在泥泞的脏水、烂泥和岩石中发现的。你需要寻找它们，或者当它们摆在眼前时，你至少要愿意看上一眼。机会也是如此。

3．“所有能让我有所借鉴的经历都是好的。”在对付难相处的人时，你学到的东西会塑造你的性格，使你更加强壮，并在人生的许多其他领域为你提供帮助。学习意味着从经历之中获得反馈，而不是得到失败。当你察看自己所做和所得的因果关系时，你可以认识到什么在起作用，什么不起作用。

4．“我可以灵活多变。”如果你所做的不起作用，你的行为就有了绝对的保证：行不通！跟保证行不通的东西相比，你所尝试的其他任何没有这种保证的东西就有较大的成功几率。试验！尝试新的方法。大胆尝试。先做你想最后做的事情！

5．“我知道一切皆有可能。”他们告诉汤姆·爱迪生（Tom Edison）电灯是不可能的，但灯泡在爱迪生的头脑里亮了起来。他们说人类要想飞翔必须肩生双翼，而现在空姐把翅膀别在我们孩子的夹克上。相信一切皆有可能的人会有所突破。所以，想一想：如果人类可以飞翔而且你也可以打开电灯，那么对付难相处的人就一定有可能。就在此刻，可能就有人在成功地对付难相处的人！如果你没有得到自己想要的结果，记住，敲击电灯按钮比诅咒黑暗要好。

6．“好吧。”无论局势是否让你喜欢，你对局势的看法不会真正改变太多的问题，但是你可以改变自己的感觉。所以，与其对你不喜欢的事实大惊小怪，倒不如做一次深呼吸，说“好吧”，然后放弃你的观点。随它去，顺其自然吧。

7．“一切都会过去。”当你挣扎着对付难相处的人时，你有时可能觉得漫无尽头。但是，那种觉得这一局势会漫无尽头的感觉只是个错觉。考虑一会儿，你有多大了，你经历过多少事情。你能相信时光似箭，日月如梭吗？难相处的人也会像流星一样划过你的生活。如果你以这种态度看待未来，你就会目光远大，让整个过程对你来说更加容易。

8．“我以前经常受此困扰。但现在一切都过去了。”论及过去，为什么不开始谈起你对难相处之人的反应，就像事情已经过去了一样？无论你是在对自己说还是在跟别人说，使用过去时，这样，你在现在就不会紧张了。

9．“我们信仰上帝。”根据这个古老的谚语，所有事情的合力是向着好的方向发展。可能你现在的状态下出现了好事，但是你还没有看到。就像繁星当空、四季轮回一样，你生命中也有一幅宏伟的图画，总有一天，一切都会水落石出。你经历的痛苦可能只是打破了限制你理解的外壳。坚持下去或者随它去。在适当的时候，所有事情都能水落石出，得到解决。

总结

这一章里我们描述的全部手段，你都可以在需要的时候信手拈来。你可以在任何时候调整你的反应和你对事件的解读。记住，偶尔的一次态度调整能为你减压。当你让低谷中人发挥出巅峰功效时，偶尔的态度调整也能引领你走向成功。

关于作者

里克·布林克曼博士和里克·基施纳博士是享誉世界的专业演说家和作家。他们开始了整体医学内科医师生涯，专长是心理和情感方面的治疗和康复。他们共同编写了畅销音像带《如何与难以相处的人打交道》（*Dealing with People You Can't Stand*），以及其他六个音像训练节目。这本书《如何与难以相处的人打交道》是一本国际畅销书，翻译成了十种语言。他们还一起合著了一本书《设计人生，在纷繁复杂的世界里作出明智选择》（*Life by Design, Making Wise Choices in a Mixed Up World*）。现在，他们向全世界献上了他们以娱乐为基调的演讲。他们的客户群包括美国电话电报公司（AT&T）、惠普公司（Hewlett-Packard）、德士古公司（Texaco）、Inc杂志500强大会（Inc 500 Conference）、青年总裁组织（Young Presidents Organization）、美国陆军，成百上千个其他企业、政府机构以及专业协会。

要了解作者的基调和讨论会，请访问www.TheRicks.com。

作者的邀请

如果你需要我们去做演讲，如果你想找出更多的基于本书或者其他书籍的音像节目以及录音节目，甚或如果你想告诉我们你的成功故事，请访问我们的网站：

www.DealingWithPeople.com

www.TheRicks.com

www.DealingWithRelatives.com

或给我们发电子邮件至：

里克·基施纳博士：dr.rick@talknatural.com

里克·布林克曼博士：dr.rick@rickbrinkman.com